U0948018

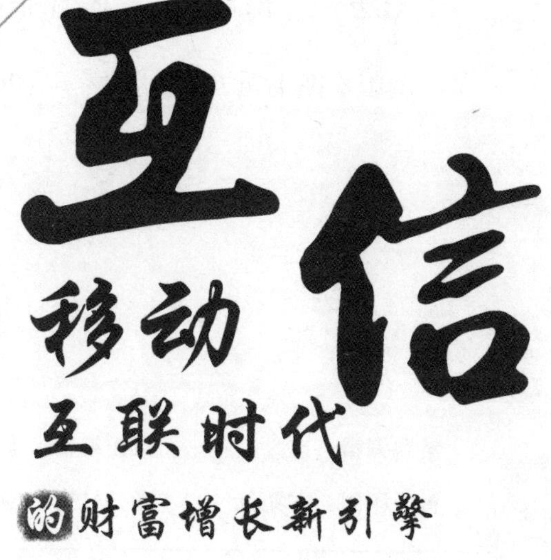

孟祥鹰◎著

中国财富出版社

图书在版编目（CIP）数据

互信：移动互联时代的财富增长新引擎／孟祥鹰著．—北京：中国财富出版社，2017.1

ISBN 978－7－5047－6283－2

Ⅰ.①互…　Ⅱ.①孟…　Ⅲ.①企业信用—研究　Ⅳ.①F830.56

中国版本图书馆CIP数据核字（2016）第253741号

策划编辑　丰　虹　　**责任编辑**　丰　虹

责任印制　方朋远　　**责任校对**　杨小静　张营营　　**责任发行**　邢有涛

出版发行　中国财富出版社

社　　址　北京市丰台区南四环西路188号5区20楼　　**邮政编码**　100070

电　　话　010－52227568（发行部）　010－52227588转307（总编室）

010－68589540（读者服务部）　010－52227588转305（质检部）

网　　址　http://www.cfpress.com.cn

经　　销　新华书店

印　　刷　北京京都六环印刷厂

书　　号　ISBN 978－7－5047－6283－2/F・2672

开　　本　710mm×1000mm　1/16　　**版　　次**　2017年1月第1版

印　　张　11.25　　**印　　次**　2017年1月第1次印刷

字　　数　173千字　　**定　　价**　38.00元

推荐序一

认识孟总，源于他致力于在互联网、大数据被广泛应用伊始进行诚信平台建设的肇始。之后，有幸见证了他一次次的试错验证、一次次的理论提炼，通过实践与理论总结，不断完善诚盾档案平台模式的过程。最近一次中国之行，欣闻孟总把在此过程中对诚信建设的思考提炼升华成书即将出版，对其执着探索、百折不挠的精神实感钦佩，对其取得当前成就深感可贺。

受孟总之邀，有幸成为本书的最初读者之一。

“中国企业的无效成本是销售收入的14%，美国企业的无效成本是销售收入的4%。加强和改善信用风险管理，已成为我国企业和金融机构面临的重要课题之一。”这是10年前我看到的一篇文章中的数据对比与解决建议，在人口红利不在、出口以牺牲环境为代价业已不可承受的今天，中国企业若想在国际上具有竞争力依然任重道远。当下最有效的治本之策依然是老生常谈的话题：诚信建设。在互联网大数据背景下，孟总对诚信建设的方法进行创新，利用独创的算法，建立相对中立、公平、公正的第三方评价平台——诚盾档案，为各企业建设诚信提供渠道，让企业获得掌握生存“命门”即诚信的钥匙。

本书跳出制度的局限，从人本道德的角度出发，回归自然本源，提出建设符合自然规律与市场规律的第三方评价体系——诚盾档案，引出诚信在企业发展中的创新应用——零风险推广，即“ZRP”，为企业尤其是广大中小企业的诚信建设提供简单易用、有效的工具。

本书高屋建瓴，对诚信建设的顶层设计提出具体的建议；同时，深入浅出，对企业在招聘、招商、引资、管理、营销与上市中如何通过诚信建设，尽享互信资产“红利”提供行动指南。

本书也是个人为人处世、修身养性的良师益友。文中通过具体的实例，生动地阐释为何及如何使诚信成为一种自觉自发的行为，进而推动全社会的诚信体系的建立与良性运行。

为不影响读者痛享阅读和探求知识的乐趣，就不再分享更多的精彩章节和内容，由读者自己通过阅读体会。

爵硕资本全球顾问有限公司管理董事　杨智

2016 年 9 月 29 日于费城

推荐序二

也许我们每个人都曾问过自己：我是谁？我从哪里来？我为何而来？我也曾为此迷茫、探索过……终于有一天我知道了，我是一个灵魂，我从宇宙中来。为什么而来？为了亲情吗？为了财富吗？为了工作吗？当我在那一刻触碰到“诚信”这个话题的时候，我突然间心田洞开，我知道我来到这个世界的目的和我的使命是什么了。我为诚信而来，我是践行诚信的使者，我要把诚信的种子播撒出去，去根植于每个人的心底，使诚信成为每个人应具备的内在美德和品质，成为社会的一种道德和规范。

诚信是我们每个人安身立命的根本，是做人的基本准则，是现代人必须而且应该具备的基本素质和品质。尤其在市场经济的条件下，面对利益和诚信发生碰撞的时候，人们往往会取利而舍信，为了私利而将道德规范、承诺信誉、合约法律置之度外，造成了人和人之间的信任危机，企业与企业之间的诚信危机。这种危机严重影响了经济的发展，扰乱了生活秩序，所以重建诚信制度非常重要。人们只有重新树立起真诚守信的道德品质，做到“有章必循，有诺必践”，才能适应社会生活的要求，才能取信于人，并实现自己的人生价值。在此方面，我们的先人就给我们树立了很好的榜样。战国时期，秦国的商鞅为了要推行新法，并施展自己的抱负，“立木取信”，一诺千金，树立了威信，赢得了民心，顺利地推进了改革，在短短的20年时间，使秦国国富民强，为后来的统一六国奠定了坚实的基础，也使个人的抱负得以施展，实现了自己的人生价值。

诚信是社会的一种道德原则和规范，它要求人们以求真务实的原则指导自己的行动，以知行合一的态度对待各项工作。诚信不仅指公民和法人之间的商业诚信，而且包括建立在社会公正基础上的社会公共诚信。这就是说，任何政府和制度都要按照诚信的原则来组织和构建，也需按照诚信的原则行使其职权，这样才能取信于民，才能成就伟业。中国人遵从的儒家文化中，仁、义、礼、智、信一直被推崇为个人首要的道德准则，孔子不仅将“信”作为“仁”的重要体现，认为它是贤者的必备品质，还把“信”上升到国家政权的高度。中国著名学者曾对儒家的“内圣外王”做了阐述：内圣，是指人的品德的高度；外王，说的是人的社会功用。格物、致知、诚意、正心为内圣；修身、齐家、治国、平天下为外王。内圣为基础，外王是目的。只有具备了最高的内在本质，才能对外成就一番事业，才能称王。

诚实守信，是公民道德的一个基本规范，是中华民族的传统美德，几千年前中国的传统文化中就倡导“君子以厚德载物”，这种德行就像大地一样承载着万物、托起万物。这个强大的支撑，是坚实的基础，是我们每个人应当坚持的信念，是每个人应当承担的一种社会责任。因此，诚信的品德不仅是我们谋利和发展的手段，也是我们神圣的使命和内在义务。如果我们每个人都遵守诚信的原则，都以自己的诚信去换互信，用自己的星星之火去点燃诚信的广阔草原，那么整个社会将进入一个更加和谐的良性循环的发展状态。所以讲究诚信是我们每个人的义务和应该承担的使命。

女性魅力导师、中华女性幸福工程倡导人、

爱思博阁名媛书苑美育督导　张瑶

2016 年 9 月

前 言

记得在2012年的冬天，我去一所文化学校为孩子报学习班时，见到了一位中年妇女，只见她穿着一身褪了色的破旧棉袄，右手拿着一个装着吃剩下一半烧饼的塑料袋，左手拉着一个5岁左右的男孩。她用布满了冻疮的手，一张一张掏出了10元、20元、50元不等的零钱，共2100元，为小男孩报了一期硬笔书法课。巧的是，在第二周的同一时间，我又遇到了这位中年妇女，只见她正哀求学校的工作人员为她的孩子换个班，因为这个班级已经是第6节课了，孩子跟不上。这时，我随手拿过来一张这所学校的宣传单，上面写着：一个月内免费调换班级，无条件退款。但学校的工作人员不但没有同意这位母亲的请求，而且语气生硬地不承认她交了钱，完全没有了一个知识传播者的素养。

我望着这位善良的母亲，看着她孤独与无助的眼神，刹那间明白了一个道理：在这个时代，我们真正需要的不是法律式诚信，而是道德式诚信！

什么是法律式诚信？比如，这位自己再苦再累也要让孩子全面发展的伟大母亲，她交了钱，但学校不承认她交了钱，或者是她交了钱校长跑了，学校倒闭了，这就是法律式诚信，这在法律上就是欺骗，是要受法律制裁的。什么是道德式诚信？就是服务的态度、产品与服务的质量，就是承诺的内容是否兑现、宣传的内容是否夸张，等等。但现实是道德的问题是法律法规很难约束的。

由于诚信的缺失，导致了我们的交易成本的提高；由于诚信的缺失，导致了电商假货横行；由于诚信的缺失，导致了买卖双方相互不信任。诚信缺失阻碍了我国经济发展，诚信缺失造成了朋友之间的猜疑……是时候了，是建立一套具有中国特色的诚信自律系统的时候了！北京诚盾诚讯信息技术有限公司（以下简称“诚盾”或“诚盾档案”）就是要建立一套社会自律系统，以此来提高大众诚信行为，让讲诚信的人畅通无阻，让失信的人寸步难行，让讲诚信的企业获得更多的交易机会，让不讲诚信的企业从市场中消失。

我有一个梦想，梦想着有一天，讲诚信的企业不再因复杂的网络营销而徘徊不前。

我有一个梦想，梦想着有一天，当患者在就医时不再为医风医德、红包问题等而延误病情。

我有一个梦想，梦想着我们在就餐时不再为食品安全而忧心忡忡。

我有一个梦想，梦想着有一天通过诚盾的努力帮助国人提高诚信素质，梦想着因为诚盾的存在而净化了我国的诚信环境，梦想着“让中国互信”这一诚盾使命得以实现。

互信不仅仅是一种美德，更是当今社会取得成功所需要的重要资源。就在今天，人与人、人与企业、企业与企业之间相互猜疑，尔虞我诈的社会环境中，互信才显得弥足珍贵。“得道多助，失道寡助”，互信才可以得到更多的帮助。当拥有一定数量的互信资源时，成功就好像如遇“上天神助”一般，显得那么简单。

正是基于这样的愿望，诚盾档案全力打造了一个网络信征平台，从“第三方”的角度倡导强化大众诚信意识、规范诚信行为！为此，隆特推出了《互信——移动互联时代的财富增长新引擎》一书，旨在让互信成为移动互联时代的财富增长新引擎。本书结合大量实际案例，对互信进行了全面、深入的阐释，既能够直击心灵，又给出实操指导，相信会对企业诚信与互信的建设及人际互信关系的建立带来诸多益处！

作　者

2016 年 9 月

目录

CONTENTS

第一章

互信是一种事业，更是一种产业

诚信是企业安身立命之根本，互信是企业生存和发展之动力。企业以诚信为本，才能以诚信换互信，实现对内对外的相互尊重、相互信任和相互帮助的良性互动。企业不仅要深刻理解诚信的战略价值，也要正确认识互信的意义，将互信视为企业的一种无形资产，并致力于在企业内部建立互信机制，在企业间建立战略互信，与职业经理人构建和谐互信关系。在当前注重跨界整合、协调发展的变革下，互信的意义从某种程度上说或许更为重要，它不仅是企业的一种事业，更是一种产业。

企业自身诚信的重要性

在现代经济社会中，诚信不仅仅是一种道德规范，是建立企业内外互信、互利、互动关系的道德杠杆，也是能够为企业带来经济效益的重要资源，在一定程度上甚至比物质资源和人力资源更为重要。

1. 诚信是市场经济正常运行的前提条件

市场经济既是法制经济，也是契约经济、诚信经济。诚信在维护市场秩序方面处于十分重要的地位，具有十分重要的作用。当市场经济不好的时候更是能看出一个企业的诚信如何。

（1）诚信是现代市场经济的内在秩序

市场秩序主要包括市场的进出秩序、竞争秩序、交易秩序、管理秩序。从市场秩序的内涵可知，市场秩序的维护主要依靠国家制定的法律。但法律在维护市场秩序方面存在明显的缺陷。比如，由于人的“有限理性”和交易环境的不确定性，法律的规定不可能面面俱到，现有的法律也并非都具有可操作性；对那些能够执行的法律而言，由于执法者与交易当事人的信息不对称，会导致法官在对纠纷问题的判定上存在困难。而诚信理念不仅融于国家制定的法律规定中，且以道德规范即非正式制度的形式对市场经济秩序起到了不可替代的基础调节作用，它比法律作用的范围更广、效用更大，所以说，诚信乃是当代市场经济的内在秩序。

（2）笃守诚信会降低交易成本，提高市场经济运行效率

市场经济越发展，诚信作为内在的秩序的地位就越重要，因为其有利于降低交易费用，提高交易效率。在当今社会，人们的交易是存在一系列

的交易费用的（交易成本），主要体现为时间、金钱、精力的耗费。以诚信为支撑的货币特别是标志着银行和国家信誉的纸币的出现，使人们找到了解决问题的切入点，人类社会商品交换的规模和范围也由此高速发展。时至今日，诚信的重要性已体现在各个领域。以普遍的社会诚信为支撑，商品生产者和经营者之间形成了高效的交易链条，交易的成本也因此大大降低，交易的效率也比之前有了很大的提高。如果处于全社会商品交易链条上的有关市场主体不讲诚信，就会破坏整个交易链条，交易成本就会由于缺乏诚信而大大增加，整个社会经济运转的效率也会大打折扣。

（3）诚信是最基本的企业道德

自古以来，中国商界就有“以诚立业，以信取人”的传统。古往今来，纵观商海兴衰成败，我们都能看到诚信的影子，往往很多时候诚信就决定了一个企业的成败。市场是千变万化的，但无论市场如何变化，信誉都是一种无形的资产，其影响力是长远的。在市场经济中，一个有效率的社会信用体系包括企业信用、银行信用、个人信用、政府信用等，其中企业信用是核心，政府信用是关键。

（4）诚信是投资软环境的重要组成部分

世界银行前副行长沃尔芬森曾说过：“中国加入 WTO（世界贸易组织）后，如果不严格遵守诚信、透明的原则，中国对外国直接投资的吸引力将会丧失。”一国、一地区或某行业诚信缺失意味着对其投资将面临极高的风险，为了规避这种风险，投资者无疑会选择驻足观望。

2. 解决诚信缺失的措施

在当今企业管理中，不断曝光的企业诚信问题已经严重阻碍了企业的发展，反映出不少企业在抓经济效益的同时忽视了企业诚信的重要性。企业面临的诚信危机和诚信缺失，其产生的原因是复杂的，主要有体制、传统文化、现代公司治理结构等多方面的原因。目前我国正处于产业转型时期，这期间必然会出现资源流动与再配置，而解决诚信缺失问题对我国产业转型的顺利进行尤为重要。

（1）加强诚信文化建设

加强诚信文化建设，提高主体的道德情操水平，形成一个全社会讲“诚信”的风尚，为培育诚信营造良好的环境。必须认真研究社会主义市场经济道德的基本要求，建立社会主义市场经济道德准则和体系，规范和约束行为主体的行为，促进健康的人际关系的确立。同时，还要进行深入、细致、持久的道德教化，使社会主义道德标准深入人心，真正转化为每个行为主体的道德观念和行为规范，促使社会各行为主体形成强烈的道德意识和系统的道德标准，从而在人际交往和社会经济等其他活动中恪守诚信原则，珍惜自己的和企业的形象和声誉。如若大家都以诚相待、以礼相交、互惠互利、公平公正等，社会的信用关系就会逐渐确立起来。

（2）强化行为主体的诚信意识，充分认识诚信的社会作用

市场经济是诚信经济，没有诚信，就不会有真正的市场经济，经济的快速、健康、持续发展就无法得到保障。对于一个企业来讲，诚信就是形象，就是无形的资产，就是企业的生命。没有良好的社会诚信，企业将无法生存。所以，现代企业及企业家必须充分认识到诚信在市场经济发展中的重要作用，牢固树立诚信意识，提高企业诚信度，塑造企业形象，打造企业品牌，使企业立于不败之地。

（3）完善市场机制。健全市场规则，整顿市场秩序，惩治失信行为

按照市场的经济本质要求建立健全的市场经济体系、市场机制，减少政府不必要的干涉和影响，充分发挥市场经济规律和机制作用；坚决打击行为主体的各种失信行为，让其为失信行为付出沉重的代价；同时整顿治理和规范市场秩序，健全市场规则，进行严格、全面、科学的管理，谨防诚信现象的发生，培育良好的诚信环境。

（4）发挥政府及其他组织的主导作用，为创造良好的诚信环境提供优良服务和有力保障

比如，规范政府行为，增强服务意识，提高服务水平，提高政府的威望和信用度；建立健全的信用管理体系和管理机制，发挥银行、证券、保险、工商、税务、公安、司法部门的职能作用，尤其要发挥各中介组织的

作用；营造公平竞争的良好社会环境，抑制腐败现象和欺诈行为，提高市场交易透明度，健全法制，加大对信用欺诈行为的打击力度，为确立良好信用关系提供有力保障；完善公司治理结构，完善对企业家的激励机制，加强对资本市场的监管，规范会计师事务所等中介机构的行为，完善会计制度；等等。

总之，诚信对企业的发展至关重要，是企业战略竞争力的核心元素之一。企业诚信是企业履行各种经济承诺的能力和可信度，是现代企业立足的根本和发展源泉，或者说是企业的“生命之源”。诚信建设做好了，在一定程度上也加快了企业文化的建设，实现员工忠诚度的最大化，从而提升企业内部团队的合作力和凝聚力，为企业带来更多经济利益。

以诚信为基，以互信为本

人类的生存和发展有两个要件不可或缺，一是诚信，二是互信，尤其是在一个注重诚信的社会，这两个要件尤为重要。就企业来说，事实上，诚信理念已成为决定企业战略竞争力的必备要素，而互信则是企业在合作中分配额外价值的内在动因。以诚信为基，以互信为本，成为企业打造商业诚信的必然路径。

1. 人与人之间的诚信与互信

诚信和互信是人成就事业缺一不可的两个重要元素，时刻指导着人们的一言一行，也决定着行为的结果。

从前，有两个人结伴同行，在穿越沙漠的时候，半路上水喝完了，其中有一个人还中了暑，再也走不动了。同伴决定去找水，就将一把枪交给中暑者，反复嘱咐他："枪膛里有五发子弹，我走后，每隔两小时你就对着天空放一枪，枪声能告诉我你所处的位置，我就能找到你，并与你会合。"说完，就信心百倍地找水去了。躺在沙漠里的中暑者却满腹狐疑：他能找到水吗？他是不是怕我成为他的包袱，将我甩在这里独自走了？暮色降临的时候，枪里只剩下一颗子弹了，而同伴还没回来。这时，中暑者确认同伴早已离去，自己只能在此等死了。他想象着沙漠里的秃鹰飞来时会首先啄瞎他的眼睛，然后啄食他的身子……终于，中暑者彻底崩溃了！在惊恐中，他把最后一颗子弹射入了自己的太阳穴。枪声响过不久，同伴提着满壶清水，带着一队骆驼商旅赶来了，但找到的却是中暑者温热的尸体。

这则故事让人唏嘘感慨，沙漠中的找水者对朋友一诺千金，言而有信，这就是诚信。倒是中暑者对朋友缺乏互信，以致付出了生命的代价。这充分反映出了诚信与互信的重要性。

（1）诚信

诚信作为一种道德要求，其基本表现形式是：内诚于心，外化于人，言必信，行必果，不能言而无信。诚信具有以下三个不同层次的要求：一是内诚于心，即诚实信仰、忠诚信奉，这是诚信道德的最高形式。也就是说，从内在要求看，应当有一种恭敬、尊重、诚实信仰、忠诚信奉的心理和道德品质。二是外化于人，即诚实信用、诚实守诺，这是诚信道德的基本要求。诚信不仅是一种道德品质，还是道德修养方法和能力，要求内在的品质外化为一种能力，即守信用、重诺言、真实不欺、不妄不伪、言行相符。三是忠诚信义、真诚负责，即在遵守承诺的基础上自觉地取信于义，真诚负责，这是诚信道德的最终归结。就像案例中找水者那样。也就是说，诚信作为一种内心的信仰和外在行为的统一，必须与信义、道义相结合，才能体现为忠于职守的责任感和义务心，所以，诚信蕴涵着公正、正义、负责等要求。

（2）互信

互信必须从以下三个方面来理解：首先，互信是我们选择生活方式的原则和基础，是我们评价自身和他人行为的标准。它表达了我们对自己和他人最注重的品质所在。其次，互信是自尊的衡量标准，即自我感觉。没有了互信，我们可能会自暴自弃；如果不能互相信任，我们可能会对他人过于猜疑。就像案例中的那个中暑者。当我们具有高度的自尊，就会朝气蓬勃，更容易信任他人。有了互信，我们就不会滋长骄傲，而只有谦虚和温雅；不会自负，而只会勇于承认自己的错误。最后，互信是由内而外产生的。我们首先做到自己值得别人信任。这意味着要认清价值观，学习新技能来支持这些价值观，然后行动。这称为“信任能力”。培养互信能力或许是个人、团体和企业组织面临的最大挑战。

总之，在我们的生活中，诚信，是走向更高文明社会的重中之重，而互信则是一种相互的作用力，只有信任别人了才能得到别人的信任。

2. 企业的诚信与互信

对于一个企业的成长发展来说，诚信和互信同样重要。企业以诚信为本，才能以诚信换互信，实现对内对外的相互尊重、相互信任和相互帮助的良性互动。

企业的诚信自不待言，互信所起的作用绝不可小觑。员工对于企业来说就是组成企业生命的每一个细胞，员工来到企业就是因为相信这个企业能给自己带来更好的成长发展的机会，使自己的人生更加美丽。如果你不相信你所在的公司，那你就没有存在的必要了。员工与公司之间并不是只有员工信任公司就可以的，还需要公司信任员工，信任员工做的每件工作都是为了企业的发展。正所谓：疑人不用，用人不疑。公司既然选择了这名员工就该用信任的眼光去看待他做的每一项工作，并在适当的时候给予肯定与鼓励。

企业每个细胞之间更需要相互信任、相互帮助，只有所有员工间相互信任、团结、帮助，这个企业才能无坚不摧。员工之间的信任表现在有资源共享，有困难一起解决，员工间共同进步、成长、发展。员工之间相互信任，员工与企业之间相互信任，只有这样的团队，企业才能被消费者、加盟商所信任。

顾客只有信任我们才会选择我们的产品。试想：如果你对这个产品的公司相当不信任，你会选择他们企业的产品吗？相信每个人的答案都是一样的。顾客是企业的衣食父母，企业需要做到值得他们信任，让顾客知道他们选择我们是对的，这就需要企业的产品质优价廉；同时，相信自己的产品值得顾客信任，并相信顾客会认可并为我们宣传产品。

其实，所有的信任关系都是环环相扣的，如果企业与员工之间没有信任关系，就没有企业的稳定发展，没有值得消费者、加盟者信任的产品，他们就不会相信我们的企业。信任是建立同事之间良好关心的基础，是企业与员工实现共同成长发展目的的前提，是企业与顾客之间建立合作关系的催化剂。

3. 晋商的诚信之道及其现代意义

（1）晋商的诚信之道

在诚信与互信方面，创造了无数商业奇迹的晋商一直是现代企业学习的典范。晋商创造辉煌的秘诀是诚信经营。诚信是晋商的价值核心，也是晋商的商魂。现代企业的核心竞争力必然与诚信经营紧密相连，因此有必要学习晋商的诚信之道。下面来阐述建立具有晋商“义利并重，义利统一”“售货无诀窍，信誉第一条”特点的诚信制度的现代意义。

明清时期的晋商，是国内著名的商帮之一，也是国际贸易中的一大商人集团。晋商弘扬传统文化中义利相通的理念，在山西形成“重商崇商”之风。关公被誉为具有“义薄云天”“信义昭著”“言必忠信，信必笃敬”等传统美德的人，历代皇帝对他屡屡加封，使其成为尊奉的“武圣”。晋商不仅在店铺和家中供奉关公，而且在各地的山西商人会馆中均修殿供奉关公。他们以关公的“义”来团结同人，摒弃“见利忘义”的不良动机；以关公的“信”来取信于社会，取信于顾主，摒弃欺诈、伪劣等行为。晋商诚信为本的创新经营理念，具有以下几个特点。

一是利以义取，讲求生财有道。晋商是行大义而取巨资的有战略眼光的商人群体，从国家拥有的政治、经济和社会需求出发，抓商机，占市场。晋商不仅进行长途贩运，同时在各地开设店铺，以至有“先有复盛公，后有包头城”“先有晋益老，后有西宁城”之说。明朝政权从长城开始设立军镇，驻扎 80 万军队，为了征集军粮而推行了中制，即用粮换盐引，就可获得售盐贩盐的专卖权。晋商以靠近边境的地理优势，领先占领。北方和西北的边镇多住着山西的商人，粮和盐的生意晋商都做，甚至连两浙、两淮的盐也大部分由山西商人来经营。到清代，晋商顺应当时政治、军事、经济以及社会的发展形势，一举成为旅蒙商人的主力军。

二是群体共赢，讲求互惠互利。晋商在经营活动中很重视发挥群体的力量，这是商业竞争的需要。“晋商”这一名称的出现，说明山西商人形成了一个地域性商帮，同舟共济。群体联合才能以集团性优势在竞争中显示实力，合作共利才能有自身之利。晋商和其他大商帮之间也体现了良好的互利共赢关系，被赞誉为“虽未经国家法律之规定，而守范围、重信用、敦品行，此其所长也”。在国内各重要城市建立的山西会馆，是地方性同乡组织。“本互相而谋福利”，对促进晋商群体尚信守规、维护同乡和同行商人利益起到了重要作用。

三是互信相与，讲求联合协作。晋商不会随随便便建立“相与”这样的关系，一旦建立，则有始有终。祁县乔家建立的“复”字商号，对已经建立起的“相与”这种关系的商号，都会给予支持，业务方便，对方一旦有了经营困难，就会及时慷慨解囊。这种“相与”与如今的联营协作有类似之处。“复”字号的这种办法，使其在同行中树立了很高的威信，影响颇深，很多商号都以能与“复”字号建立“相与”关系为荣，自然“复”字号的范围也越来越大。

四是信誉第一，讲求诚实守信。晋商在经营活动中总结出许多商业谚语：“生意没有回头客，东家伙计都挨饿”“宁叫赔折腰，不让客吃亏”“秤平、斗满、尺满足”……以讲诚信著称的商人比比皆是。史载盂县商人张炽昌，“贸易关东，与人然诺，坚如金石”。

五是首创票号，讲求强抓机遇。晋商首创的票号，是信用制度的产物。到清代，在商品经济发展中，城镇工商业自有资本不足，有求于借贷以扩大经营资本。在北方又兴起一种具有保险职能的镖局。随之，专营汇兑业务和存放款业务的票号便应运而生。账局只经营存放款业务而不经营汇兑，埠际间货款清算，依赖运送现银。晋商资本雄厚，商号分支机构遍布全国各地，为商业中的汇兑业务开展提供了便利；晋商社会诚信度高，经营汇兑业客户充分信任。到极盛时，山西票号发展为39家，在国内建立分号的城镇增长到70个，并在日本、朝鲜也建立了分号。

尽管诚信晋商的悠久历史为我们留下了许多关于诚信的案例，但是在市场经济条件下，商业思想在某些人看来就是利益为上，不讲道德诚信才能赚钱，以致出现了许多违反诚信的事件。比如，“红心鸭蛋”事件、“瘦肉精”事件、“注水肉”事件、“南京冠生园陈馅月饼”事件、“地沟油”事件、“毒胶囊”事件、“毒馒头”事件、“三鹿奶粉”事件、“毒大米”事件、“郭美美”事件，以及大学生、农民工打工上当、拖欠工资的事件屡屡发生，无不折射出中国现行市场经济体制下诚信道德的严重缺失。

（2）晋商诚信的意义

诚信是一个民族的立世之本。晋商诚信给了我们很多启示。

道德诚信是企业的基础。在构建和谐社会、建设社会主义市场经济中的现代企业，更加需要诚实守信和诚信经营。但是，晋商的这种商业伦理道德是建立在“人治”社会根基之上的，并且靠的是商家的道德自律。而建立在这种根基上的诚信是不够稳固的，一旦道德的社会根基颠覆，必然给晋商带来毁灭性的灾难，这也是晋商之所以走向衰落的原因之一。因此，法律规范是企业的保障。社会诚信机制的建立，一方面需要市场主体的自律行为，另一方面需要其他机制的强制行为。在诚信、经济、法律三者之间，诚信是经济的基础，法律法规是诚信的保障。因此，我们必须以强烈的使命感、责任心和高度的自觉性，切实加快具有“诚信中国”特色的现代企业建设，努力营造讲诚实、讲诚信的现代企业体系。

互信是企业的一种无形资产

企业的互信是取得内外协调、共同发展的共同基础，是企业发展的基石。在实践中，企业的互信涉及两个层面：一是企业内部的员工与企业之间的信任，员工与员工之间的信任；二是企业外部的客户与企业员工之间的信任，以及客户与企业间的信任。

1. 企业与员工之间互信的重要性

当一个企业不信任它的员工的时候，就算用再好、再严格的制度都不可能达到企业所需要的效果。例如，HR（人力资源）部门作为员工的招聘和离职管理部门，从员工进入公司之后到离开公司之前，都和员工保持着最为紧密的联系，是员工接触最多的管理者。许多员工戏称人力资源部是自己的娘家，这的确是许多员工的真情流露。

员工最先接触的是公司的 HR 部门和 HR 经理，之所以能够决定来公司工作，首先是对 HR 经理的信任和认可，其次才是工作和公司。试想，如果一个应聘者连招聘人员都不能信任，他怎么敢去信任招聘人员所介绍的公司和职位，怎么敢做出任职的决定？

正是基于这种信任，员工才愿意和 HR 经理进行沟通。当他们的工作出现了困难，工作生活当中出现了困惑时，他们希望能够说给 HR 经理听，希望能够得到 HR 经理的慰藉和开导，这也是员工的一种需求，一种被理解、被认同的需求。从管理学角度讲，这也是管理的一个好机会——情感管理，即所谓的感情激励、感情留人。

但是，HR 经理的工作是很忙的，每天都有大量的事务要处理，每天都有大量的人要去面对，可能没有太多的耐心去管理这些看似无所谓的事情。所以，许多 HR 经理在处理这些问题的时候，往往采取回避或默认的态度，态度极为生硬，忽视了对员工信任的回应，打击了员工的自信和热情。

从一定意义上说，HR 部门能为员工提供多少帮助，HR 经理的耐心有多大，决定了这个公司的人性化程度的高低。通常，一个能为员工着想，想员工之所想，急员工之所急的 HR 部门很容易得到员工的认可，被员工评价为“人情味”很浓。不要小看“人情味”，许多员工的离职就是因为公司的“人情味”不浓，没有归属感。

HR 部门在人事政策方面代表着公司的形象，与 HR 部门的沟通在员工的心目中代表着与公司或高层领导的沟通，如果不能得到理解，被拒之门外，他们会转而认为是被公司拒之门外，会认为公司管理没有人性化、没有前途，从而萌生跳槽之心。

另外，HR 部门的耐心在一定程度上影响着公司员工的士气，如果许多员工都在 HR 经理那里碰了一鼻子灰，那么在公司的部门之外就会形成一个反公司同盟，目标直指公司的 HR 部门和公司，从而萌生出“意见领袖”，他们在“意见领袖”的带领下会研究怎样消极抵抗公司的政策，怎样对付 HR 经理等。这个时候 HR 经理的威信就会受到威胁，在管理的力度和说服力上也会大不如从前。

互信，最重要的就是相互之间的信任。员工信任 HR 经理，是因为他们相信 HR 经理，与之相呼应；HR 经理更应该相信自己、相信员工，对员工的这种信任做出积极的回应，给予员工一个倾诉和交流的机会，给员工的信任一个归属。

对于企业与员工的互信，我们再来看下面这个例子，你或许就会明白企业与员工之间互信的重要性。

塔·布克是瑞士的一个钟表匠，在他看来，金字塔的建造者不是被迫劳动的奴隶，而是一些拥有自由身份的人。当时这个观点被所有人排斥，因为从希罗多德的《历史》及一些残存的文献资料来看，金字塔是掌权者以武力胁迫几十万奴隶为法老建造的墓地。而且，这种浩大辛劳，需要耗时几十年的工程，怎么可能有人自愿参与呢？但是，2003年埃及最高文物委员会宣布：通过对吉萨附近600多处墓葬的挖掘、考证，得出结论，金字塔的确是由当地具有自由身份的农民和手工业者建造的。为什么四百年前的一个钟表匠能准确地指出金字塔不是由奴隶建造的呢？原来，塔·布克是从钟表的制造中推断出这个结论的。

塔·布克原是一名法国天主教信徒，1536年因反对罗马教廷的刻板教条被捕入狱。由于他是一位有名的钟表制作大师，所以，囚禁期间被安排制作钟表。在那个失去自由的地方，塔·布克发现，无论监狱管理者使用什么高压手段都不能使他们制作出日误差低于十分之一秒的钟表，而入狱前他们在自己的作坊里能轻松地制造出误差低于百分之一秒的钟表。为什么会这样呢？起初，塔·布克以为是制造钟表的环境太差，后来他们成功越狱逃跑，又过上了自由的生活，此时，他才发现制造钟表时真正影响钟表准确度的不是环境，而是制作钟表时的心情。

在塔·布克的日记中有这样一段话："一个钟表匠在不满与愤懑中要想圆满地完成制作钟表的1200道工序，磨锉出一块钟表所需要的254个零件，比登天还难……金字塔这么大的工程，建造得却如此精细，建造者一定是一批怀有虔诚之心的自由人。难以想象，一群有懈怠行为与对抗思想的人，能制造出巨石之间连一根刀片都插不进去的金字塔。"

事实证明，他的推断是正确的。

在过分严格监管的地方很难创造出优秀的东西，因为人的能力只有在身心和谐的情况下才能发挥出最佳水平。这一理念与当今很多企业的管理思想大相径庭，很多企业在强调纪律、制度的时候忽视了个人的情感因素，片面地将提高员工工作效率的办法归结为科学的工作程序、严格的管理，甚至是超时工作等。如果对于单纯的重复性劳动，这些办法也许还有效，但对于烦琐复杂、创造性强的工作来说，简直是不可想象的。

对此，不妨想象一下如果一个企业不信任自己的员工，而是用一些严格的管理制度来进行约束，那么这个企业会走多远？我们也可以想象，在一个充分信任员工的企业，即使没有严格的制度管理，企业一样会创造奇迹。这就是人性化的管理。在高科技的当下，人们所从事的大都是创造性的工作。如果他们带着情绪来工作的话，就会像钟表师一样，创造不出世界上最好的钟表。反之，相互信任会给企业创造出无法估量的价值。

2. 企业和客户建立互信才能赢得市场

对于企业来说，如果对企业的产品和服务感到信任，客户也会将他们的消费感受通过口碑传播给其他的客户，扩大产品的知名度，提高企业的形象，为企业的长远发展注入新的动力。

客户信任是指客户对某一企业、某一品牌的产品或服务的认同和信赖。它是客户满意不断强化的结果，与客户满意倾向于感性感觉不同，客户信任是客户在理性分析基础上的肯定、认同和信赖。一般地说，客户信任分为三个层次：一是认知信任，它直接基于产品和服务而形成，因为这种产品和服务正好满足了他的个性化需求，这种信任居于基础层面，它可能会因为志趣、环境等的变化转移；二是情感信任，即在使用产品和服务之后获得的持久满意，它可能形成对产品和服务的偏好；三是行为信任，只有在企业提供的产品和服务成为客户不可或缺的需要和享受时，行为信任才会形成。其表现是长期关系的维持和重复购买，以及对企业和产品的重点关注，并且在这种关注中寻找巩固信任的信息或者求证不信任的信息以防受欺。

但现实问题是，企业往往将客户满意等于信任，甚至是“客户忠诚”。事实上，客户满意只是客户信任的前提，客户信任才是结果；客户满意是对某一产品、某项服务的肯定评价，即使客户对某企业满意也只是基于他们所接受的产品和服务令他满意。如果某一次的产品和服务不完善，他对该企业也就不满意了。也就是说，它是一个感性评价指标。客户信任是客户对该品牌产品以及拥有该品牌企业的信任感，他们可以理性地面对品牌企业的成功与不利。美国贝恩公司的相关调查显示，在声称对产品和企业满意甚至十分满意的客户中，有65% ~85%的客户会转向其他产品，只有30% ~40%的客户会再次购买相同的产品或相同产品的同一型号。

为客户提供个性化的产品和服务，是赢得客户满意的前提，更是企业和客户建立互信的基础。为此，企业要做出积极的努力，比如，面对面地了解客户的真实想法，根据客户的需求意向预测产品；让客户参与产品的规划和设计，使客户感到该产品是为他量身定做的；进行敏捷化的定制化生产，使客户时刻感到他的个性化享受；商家的知名度和美誉度宣传，使客户感到接受这件产品和享受商家的服务是价值的体现；在客户接受产品和服务之前使客户感到便利；解除客户的疑义，增加客户的贴身感受；及时送达；等等。事实证明，企业只有和客户建立互信才能赢得市场。

事实上，企业的外部互信在渠道商方面也有突出的体现。与渠道商建立互信，也是通过互信促进企业内外有效沟通的一种管理方式。随着以市场化为取向的改革不断深入，消费市场日益由卖方市场转向买方市场，渠道商作为企业可持续发展的最宝贵资源，愈加成为企业公司关注的核心。这种情况下，企业在客户关系管理中只有以互信为前提，才能增进彼此的了解和认知，与渠道商建立符合彼此要求的诚信服务体系，使渠道商对企业流通企业有一个全新的认识，从而拉近企业与渠道商的距离，使渠道商理解、支持、配合流通企业的各项经营与管理活动，成为企业公司忠诚的客户。只有真正赢得渠道商，提高渠道商对企业公司的满意度和忠诚度，企业才能在日趋激烈的市场竞争中更好更快地开拓市场，进而保证企业经济效益的平稳、健康、可持续增长，在更长远的时间跨度上获得最大利润。

总之，如果企业与员工、企业与客户的战略方向一致，并相互信任各自的动机，速度便可以加快，就会出效率，就会出效益。互信是助推企业发展的一种无形资产。

企业内部互信机制的建立

现代社会是充满契约的社会。对企业来说，企业与员工是合作关系，也是契约关系（签订劳动合同）。只有在企业内部建立互信机制，即通过互信、互建、互动、互利来履行契约，才能实现和谐共事，和顺兴业，互利双赢。

1. 企业的互信

互信是企业发展的基础。有位世界500强企业的董事长指出："员工与企业所建立的信任关系是公司最宝贵的财富。"互信，才能同心同德。互信是企业做大做强的前提，是保持企业长久生存和兴旺的动力。凡是优秀企业、生命力强的企业、生长周期长的企业，都是企业与员工互信度极高的企业。设想一下，一个企业老板与他的员工互不信任、相互排斥、内耗不断的企业，能够高效运转、长久发展吗?

企业与员工是相互依存的一体两面，有着共同的愿景，共同的利益，厚实的互信基础。企业兴旺发达，员工可以得到经济利益的实惠、福利待遇的提高、工作环境的改善、可以"笑傲江湖"的"虚荣"。员工诚实、高效、创造性的劳动，推动企业的巩固发展，促进了企业的兴旺发达。

然而，企业与员工也许会有冲突。现实中企业为了追求利润最大化，在经营运作过程中会通过各种手段，开源节流降低经营成本，往往容易忽视了员工的物质利益，忽视福利待遇的提高、工作环境的改善；而员工工作是为了谋生，以高效工作劳动来希望企业与时俱进地提高薪酬和福利，应付不断上涨的生活成本、医疗成本、教育成本，因此难以顾及企业的发展目标和经营中的困难。

为了解决好这一矛盾，双方必须互信互谅、相互协商、找出实现利益最大化的“公倍数”。总之，企业与员工在遇到冲突时，双方需要理性，相互信任、相互谅解，寻找解决问题的正确方法。只有同心同德，企业与员工才能生存和发展。

2. 互信的互建

企业内互建互信，首先是管理者做出积极互建的表率。企业管理者和员工经常交流思想的做法从本质上说应是互动式的，既需要员工能解除思想顾虑，向管理者诉说自己的思想波动和要求，但更重要的是，管理者自己能够让员工感觉到你和他们没有距离。一家成功企业的总经理曾经很自豪地谈起他与员工相处的方式：他与员工一起工作，一起吃饭，一起读书，慢慢地，企业内形成了一种氛围，大家一起享受成功带来的喜悦，也一起分担困难带来的忧虑。和员工们建立伙伴关系，首先要出自真诚的心，互相扶持，这样员工们才会付出更大的努力，做出更多额外的贡献。

此外，管理者还必须对他们放心，不能让他们老是处在一种被监视的状态下工作，以致使他们背上了心理包袱，这样对他们、对企业都没有好处。这其实涉及一个互信的问题。互信是人际关系的基础，尤其是具有人才特质的人，总是希望主管能有“我办事，你放心”的心态，在工作上才能放手去做。互相信任终究不是件易事，就像大家都在谈要懂得授权一样，事实上授权首先还要能选用适任的人选。

在企业内部建立互信，除了要应用管理控制的科学管理方法去除互信的障碍外，企业的每位成员，还应该发扬“实实在在，勇于负责”的作风，才能够互相信任，这一点尤其需要管理者自己能够以身作则。

有人曾经生动形象地做过这样一个比喻：在某种程度上，一个公司就像一支足球队，员工就像足球队员。高薪可以为球队聘到大腕球星。但是，如果这位球星一年都没有上场，他肯定会离开这支球队。公司也是这样，有的公司炫耀自己有多少博士、硕士，但这些人却无事可干，过不了多久，他们都会走的。公司留人的目的本身就是要发挥他们的作用，因此，为了让每个员工都实干，公司必须将自己的目标细化，使每一个员工都有自己明确的目标，并以此作为考核标准。也就是说，要委任员工以更多的责任，这也是一种加速他们成长的方式。

3. 互信下的互动

互信不是单方面的，而是需要双方努力互动。事业的成败取决于人，没有人就没有企业。企业的经营理念是“以人为本”，而不是以资为本。“以资”是一种手段，只能起到辅助性的作用，只有“以人为本”的企业才可以大有作为的发展。

企业与员工互动需要做到以下基本工作：一是尊重员工，平等对待员工，让员工有人格尊严。二是为员工提供基础保障体系，如合理工酬、保险、福利、安全等工作环境。三是健全现代企业人事管理机制，实行公开、公平、公正的用人制度，真正做到能者上、庸者下，员工信服的管理人才。四是让员工有机会了解参与企业规划、计划，让员工有利益分配的知情权，广泛听取员工对企业经营的意见和建议。五是善待员工，帮助员工解决难以克服的问题或困难，让员工感受到企业像家庭一样的温暖。六是开展形式多样的技能比赛，同时也要丰富员工的业余文化生活，以尽可能地为员工搭建展示自我空间的平台。

要想实现良好的员工互动，首先双方应放弃雇用观念和打工意识，员工把企业当成自己的家，并努力做到以下几点：一是爱岗敬业，主动做好本职工作。为“家”承担责任。二是增收节支，减排降耗。为“家”精打细算。三是维护企业内部团结，体谅企业的困难，不说有损团结的话，不做有损企业的事。为“家”生和气。四是充分发挥自己的聪明才智，提高业务技能，敢于创新，多提合理建议，为“家”献计献策。五是严守企业机密，维护企业声誉。为“家”添光彩。

企业与员工在互动过程中产生了互信，企业就有了凝聚力，员工就有了归属感。而单方强调对方的忠诚，自己却无所作为，甚至反向用力，其结果只有一个——“两败俱伤”。

4. 互信下的互利

在市场经济环境中，企业与员工都有双向选择，用工就业有很大空间。就企业而论，相对稳定的员工队伍，有利于管理，有利于培训费用的节省，有利于产品质量的稳定提高，而企业应有相应的员工流动机制，激发企业活力，而流失的员工大多是有知识、一技之长的佼佼者。这就是企业用工难题之一。就员工而言，对于“老”企业的企业文化、人事关系、工作环境、生产工艺流程等都已充分了解适应，若改换门庭又需要有一个适应过程。人生职业生涯就是几十年光阴，大多数员工对企业与同事有着深厚感情，不到特殊事情一般都不想跳槽。基于这样的原因，企业与员工长期合作中都不想失去互利。

企业与员工分离的焦点就是利益分配、工作环境、发展空间。企业发展壮大有着为国家创造财富（税收），分担就业责任，稳定社会的作用。同时要考虑到本企业员工利益分配、工作环境改善、提升员工个人发展空间等若干问题。员工为企业发展，高效创造性的劳动，给企业带来丰厚的利润，需要合理性的报酬，值得提倡。企业托付给员工，员工依靠企业，以互利的形式生存发展，才能最终实现企业与员工的双赢。

综上所述，企业内部建立互信机制，需要通过互信、互建、互动、互利来完成，履行企业与员工的双方契约。个人和组织拥有魅力的秘密是互信。正是在这种互信、互建、互动、互利的过程中，企业与员工为共同的利益各自做出了自己的不懈努力。当然，企业内部互信是一个长期的过程，需要个人、企业之间的共同努力。企业要充分运用各种方式方法去努力促进互信关系的建立，营造良好的改善氛围，从而推动企业的持续前进。

企业间如何建立战略互信

关于企业的外部互信，前文讨论了企业与顾客的互信，以下主要讨论企业与企业之间如何建立战略互信及互信联盟的问题。

人类社会的存在是以人与人之间的互信为基础的，而经济增长则是以企业间的互信为依托的，在企业竞争更多地表现为供应链间竞争的今天，企业间的互信显得尤为重要，因此必须形成有利于企业间互信关系建立的制度和机制。

2011 年 6 月的一天，在江苏省金湖县黎城镇大兴机械行业信用协会会议室，13 家会员企业负责人悉数到场。“我们最近接了一个韩国订单，价格比过去高点”“我准备再申请 50 万元贷款，扩建厂房”……大家你一言我一语，分析机械加工行业现状，交流各自企业生产经营情况。本来是为了渡过难关“凑合”到一起的协会，没想到发展越来越好，大家从竞争对手变成了朋友、兄弟。正如该协会负责人所言：“以信用联盟为纽带，互信互助让这些小企业走到了一起。”

在当时，金湖的信用协会是按行业组建的，入会的每家企业向协会缴纳贷款金额的 10% ~15% 作为“互助基金”，在银行专户存储，如果协会会员不能如约偿还贷款，银行直接从互助金中扣取。协会成员贷款，协会理事会根据会员等级、流动资金实际需求量、还款来源而确定贷款额度并予以联保，会员同时以家庭财产进行反担保。农信社的信贷资金，优先扶持行业信用协会，会员可以享受下浮 15 个百分点的贷款利率。

信用协会成立的初衷，是想通过“抱团”的形式从金融机构获取发展资金。金湖40多个工业门类2000多家工业企业中，中小企业占98%，却只有40%的中小企业能从银行获得贷款。成立机械塑料等行业信用协会后，通过会员联保，解决了担保的问题；而入会时缴纳的“互助基金”则解决了“如果发生欠款由谁来偿还”的问题，银行的顾虑便一下子消除了。

从“被迫”抱团到主动“联盟”，对于喜欢各自为战的小企业来说，不是一件容易的事。刚开始，由于大家都是搞农产品种植加工，互相怀疑甚至“挖墙脚”，合作起来“磕磕巴巴”。信用协会将每个小企业组合成利益共同体，有一家经营得不好，其他家或多或少都会受影响，如果经营不下去，还不上贷款，大家就得一起分担。这个大账算下来，大家反而坦然了，干脆合伙一起干。

截至2011年6月中旬，这个农产品信用协会里，所有粮食加工企业的种子、化肥是统一采购，对外销售价格也实行统一。以前200亩地的粮食，4家能有4个价格，经常由粮食收购厂家任意压价，现在稻谷收下来，统一晾晒、运送、入库，农户只需在收购厂看秤就行。本地的粮食，如今已经满足不了加工量，3/4以上需从外地调运。

“诚信”，不仅仅是一句承诺，更是带来倍增效应的催化剂。协会内的企业从过去单打独斗、无序竞争，变成现在无话不谈的好朋友，在用工、技术方面互相帮助，不计较报酬。经过“抱团”发展，融资能力强了，销售渠道广了，和谐合作多了，无序竞争不见了，员工“跳槽”的少了，经济效益提高了。正如会员企业所说的那样：“好处看得见、摸得着，实实在在！”

通过这个案例我们发现，是互信互助救活了这些小微企业，可见，企业间的互相合作是多么的重要！

1. 构建企业互信联盟的现实需求

在当前注重跨界整合、协调发展的变革下，企业唯有保持资源的战略协同与配合，才能用处变不惊的心态和行动来应对多变的市场。从这方面看，许多地产界“大佬”已经先行一步走在行业的前列，用楷模的风范和坚定的行动向业界宣告房地产战略同盟与合作的时代已经到来。比如万科、保利、招商、金地、龙湖、恒大、富力、远洋、合生创展等，在企业规模高速扩张的条件下，当他们深知单凭自身的力量无法做完原来由一个人包干到底的事情时，他们在数年之前的企业发展中，就早已建立了稳定的上下游战略合作关系。

这些地产界“大佬”们懂得，无论是从自身精力还是专业能力上讲，自己都无法适应企业规模化、快速化发展的客观需要，与上下游企业建立稳定、互信、长期的合作关系非常重要和关键。在行业变革和企业扩张中，企业的发展稳定首先在于团队的稳定，因此，对于内部团队他们通过股权激励等方式稳定人心，对于外部团队他们通过战略互信与同盟的方式稳定根基。

对很多企业尤其是中小企业来说，加强上下游合作关系的稳定和战略同盟，不仅能有效起到企业内外部团队的稳定，而且从成本利润上考虑更加经济有效。

在现实中，有的企业今天与这个企业合作，明天与那个企业合作，不仅浪费相互的时间成本，而且在更多不确定、不协调的沟通过程中，还会带来严重的经营风险，造成不必要的经营损失。塞翁失马，焉知非福？这是任何一个寻求稳健经营企业所必须重点考虑的问题。因此，经历长期友好合作之后，企业一旦建立了战略互信关系，减少了沟通与融合环节，在风格统一、步调一致、互相协同的背景下，节约时间、节约资源、节约成本、节约沟通与猜忌，这自然就是在为企业创收增效。当然，能够坚持长远战略互信与友好合作的企业，抵御市场变化和抗风险的能力也明显强于喜欢“新鲜感”的企业。

事实上，发展壮大的企业都普遍坚持了战略互信与同盟的原则。比如，万科在电梯品牌上选择日立，在销售公司上选择思源；恒大在精装修公司上选择广田股份，在销售公司上选择易居等，将企业更多的业务外包给已经建立互信关系的合作伙伴，不仅减小了企业自身的经营风险，而且以规模化优势降低了成本，无论对于企业自身还是战略伙伴，都能达到相互受益、共同发展的目的。而那些长期处于合作关系千变万化的企业，多数均处于发展萎缩状态。一味地求新、求异必然会导致企业经营上的漂浮不定，无论对于合作关系中的甲方还是乙方来讲，当遇到外部风浪、自身不稳时，很难说明企业还能有长足的发展。

当今的行业生存环境变幻莫测，企业必须珍惜当下所拥有的优秀个人或企业，少一些左顾右盼、见异思迁的想法，专注于战略协同关系，专注于战略伙伴的共同目标，在复杂多变的市场环境中，少一些弯弯拐拐和猜猜测测，将更多的时间和精力用在外部市场的搏杀中，用战略同盟所结成的固若金汤、坚不可摧的力量，勇立竞争潮流，战胜市场风浪！

2. 构建企业互信联盟需要注意的环节

企业构建有效的战略联盟必须建立和形成互信，而为了打造互信联盟，需注意以下三个关键环节：

（1）挑选合适的联盟伙伴

企业在联合与合作之前，首先要树立明确的战略目标，并据此来寻找或接受能帮助实现战略意图、弥补战略缺口的合作伙伴。在实操层面，其一，战略伙伴的选择要考虑产业链、产品质量、技术关联性、成本、企业信誉、交货情况、地理位置等因素，通过综合分析选择最佳盟员。其二，合作伙伴战略应该具有一致性，这是保证战略联盟持续成功的重要条件之一。文化及战略的一致性越高，战略联盟成功的可能性就越大，而创造以“合作”为指导思想的战略联盟文化显得尤为重要。其三，企业在选择战略联盟伙伴时，并不一定非要寻求与国际一流跨国公司的合作，关键在于联盟能否产生优势互补或优势相长的效应。按联盟伙伴实力强度来划分，战略联盟包括强强联盟、强弱联盟和弱弱联盟三种方式。而实力相当、业务互补是战略联盟成功的必要保障。其四，联盟伙伴应经常地接触和沟通，寻求缩短或消除目标距离与冲突的途径，以保证联盟的平稳运行。

（2）兼顾各方

由于联盟伙伴之间往往存在着既合作又竞争的双重关系，双方应对联合与合作的具体过程和结果进行谨慎细心的谈判。成功的联盟不仅要搞好交叉许可安排、联合开发、合资经营、股权共享等基础的初始合作协议，还要搞好包括厂址选择、成本分摊、市场份额获得等通常的细节以及对知识创新、技术协同等方法的设计。

（3）信息共享

每个参加联盟的企业都应该贡献出必要的信息供对方分享，从而提高联盟的成功率。同时企业要合理控制信息流动，保护自身的竞争优势，防止对方得到我方应予以保护的关键信息，做出有损我方的行为。联盟内的企业应该把通过联盟向对方学习作为一项战略任务，最大限度地尽快将联盟的成果转化为我方的竞争优势。

综上所述，无论是中小企业还是大企业，均身感未来道路充满更多的不平坦和不可控。因此，企业要脱颖而出，必须改变旧思维，增加战略思维，多建立同盟关系，寻求新突破，向资源协同和战略合作要效益，在合纵连横和互信互利中找出路。

经理人与企业家构建互信

关于职业经理人与企业家之间信任问题的理论研究有很多，有的学者从经济学角度或管理学角度探讨职业经理人诚信问题；有的从对经理人激励、职业经理人生存环境等角度，分析职业经理人与企业所有者之间出现信任危机的原因；有的从职业经理人职业道德的角度来思考信任危机。

重庆小天鹅火锅创建于1982年，创始人是廖长光与何永智夫妇。2007年6月，风险投资基金进入小天鹅火锅，组建了重庆佳永小天鹅餐饮有限公司。仇一作为职业经理人进入公司出任重庆小天鹅的首席执行官。从刚进重庆小天鹅时的不信任到后来的信任，二者之间的互信得以构建，主要得益于以下五个方面：

一是包容。面对刚开始企业所有者表现出的不信任，仇一选择的是要受得起委屈。有意向的加盟商过来，仇一带他们去参观、体验，最后带他们吃饭。作为企业所有者的何永智说："你们不要带人到处吃啊。"她没有问为何要带人去吃饭，只是给出一句告诫，这凸显出她对职业经理人信任的缺失。最后吃饭还是仇一个人埋单。在仇一看来，作为职业经理人要想取得信任，先要受得起委屈、能够包容。一句话也承担不起，就无法包容天下。这种能够受得起委屈、能够包容怀疑的心态，让他能够坚持下来坦然面对各种不信任，踏实做自己的事情。

二是真诚沟通。在重庆小天鹅，企业追求一种发乎内心的真诚沟通。对于那些感觉无法协调的冲突，只要双方有一次走进彼此的内心进行真诚的沟通，那些之前被认为是无法协调的冲突总能找到解决的突破口。在这样的沟通原则下，企业家与职业经理人之间的信任得到很好的滋养。

三是培植信任文化。重庆小天鹅有意识地在企业内部培养一种信任文化。职业经理人在用人的时候非常看重人品，是否很优秀不重要，首要的是人品要得到认可。企业倡导承诺导向，答应了的事情，一定要去承担。言而有信，信任就会逐渐培养起来。在仇一看来，下面的每一个人都是人才。脾气怪异的，脾气温顺的，只要充分信任他、把他放到合适的位置就好。这种信任下属、鼓励下属放开来做的方式对企业内部培养信任文化起到了很好的引导作用。这种信任又会产生传递效应，逐渐在企业扩散开来，成为协助职业经理人与企业家构建信任的一种积极力量。

四是业绩支撑。首先，职业经理人树立起一种意识：他们不是为老板打工，而是为自己打工，有自己的价值目标。仇一自己热衷连锁，目标定位是帮助小天鹅把品牌做大，做连锁。其次，在这种价值目标的驱动下，他承接了品牌，经过团队的努力取得了一项项不菲的成绩。连锁店数量上，最忙的时候一年开80家店；利润方面，由2003年的几百万元，到后来的几个亿；声誉上，重庆小天鹅做加盟、做直营做到了没有投诉，取得很好的口碑；还有就是广告上花费少。这些成绩的取得使职业经理人团队在企业所有者看来就是一个成功的团队。不错的业绩是最好的证明，证明了公司职业经理人团队是值得信任的。同时，职业经理人自身也在这种成绩取得过程中收获了自我实现感，完成了自我目标的实现。这些为职业经理人与企业家互信的构建起到了重要的支撑作用。

五是企业前景。职业经理人最怕看不到未来，最担心没有发展空间。对于职业经理人来说，发展是最好的吸引。在这一点上重庆小天鹅给职业经理人提供了一个很好的平台。如今房市遭到打压，社会资本寻求投资，风险资本进入小天鹅，想加盟重庆小天鹅的人也在增多。下一步重庆小天鹅要争取上市，其发展空间非常之大。职业经理人在此看到了未来，看到了希望，看到了助其实现理想和抱负的企业环境。职业经理人对企业的未来很有信心。

正是由于上述这些因素的存在，才促成了职业经理人与企业所有者能够较快建立起相互的信任。此案例不失为职业经理人与企业家之间信任问题的最好诠释。

从重庆小天鹅的做法中可以得到一些启示：经理人与企业家互信的构建是双方共同努力的结果，职业经理人要有经得起考验的心态，用实战成绩取得老板的信任；而企业家则需倡导培植信任文化、提供有广阔空间的施展舞台，二者之间的有效沟通也是很有必要的。

1. 经理人如何取得老板的信任

在职业经理人与老板互信建设的过程当中，作为职业经理人，有一些必须具备的素质或者是修养。你的综合素质能力是不言而喻的，你不具备这个能力和素质，企业不会选择你，更谈不上信任。

一是经理人要善于沟通，尤其要注意沟通过程当中的一些技巧、艺术和方法。全球第一 CEO（首席执行官）杰克·韦尔奇就是利用互动解决了大企业的官僚主义难题。因此我们必须通过这种沟通，把意见、想法真实地反映到董事会。仍然通过沟通，把董事会所做的一些战略决策，传达到基层。在老板和职业经理人的互信建设方面，这种沟通尤其重要。

二是职业经理人应当具备相当的个人魅力，或者说具有相当的亲和力，这非常重要。往往有的职业经理人错位，把自己摆成老板。实际上，职业经理人应该是老板和员工结合之间的一个桥梁和纽带。你必须通过个人的亲和力和独特的魅力将全体员工凝聚在你的身边，通过亲和力创造一种和谐向上的氛围，并借此影响董事会的决策。

三是经理人要敬业、忠诚，还要有责任感，而责任是第一位的。支撑经理人做下去的不是名誉，也不是利益，而是责任。面对员工的责任，面对董事会，这种责任支撑着经理人不断地努力，不能停止前进的步伐。其次就是要敬业，你是这个群体的带头人，你必须用你的敬业精神来影响周围的每一个人，社会需要敬业的人，而且每一个老板也都需要敬业的人。最后就是忠诚，忠诚并不是简单的忠诚于老板，而是忠诚于自己所选择的事业，是对事业的执着。

互信建设是双方的事情，所谓“忘我才能有我，无私才能无畏，无畏才能有为”。如果所有的职业经理人都能按照这三点要求自己、约束自己的话，互信是不成问题的。

2. 老板如何维持和经理人间的良好关系

构建经理人与企业家之间的互信关系，光有经理人单方面的行动是不够的，互信是双向的，因此更需要老板做出积极的努力。

（1）价值观的认同

老板与职业经理人之间，要保证双方的健康和持久的关系，一个就是对价值观的认同，对企业价值观的认同，在企业的经营价值观层面，应该找到平衡点。如果这个问题达不成共识，也不能在一起工作。有些时候，老板会犯一个错误：要求别人像自己一样。这其实弄错了角色，你是老板不能要求职业经理人像你一样去工作，要求同样的人生价值观，而应该把个人的价值观和企业的价值观分开，在企业价值观上要找到共同点。否则的话，就缺少了大家合作的基础。同时，企业在企业文化建设上，一定要摆脱形式主义的做法，如果职业经理人和企业家都是在使命的这种层次上达到沟通、达到一致的话，双方之间的长久关系就是水到渠成的事了。

（2）责、权、利方面的约定

老板在和经理人合作之前一定要做好责、权、利方面的约定，事先的约定和事后的考核要做好，这是一个制度的问题。但是很遗憾，由于整个企业的管理水平比较低，所以这种制度建设从事先的约定到事后的考核评价，在我们中国都是比较差的。企业缺少制度建设，经理人缺少这方面的法律意识，以及自身也缺少这种理念，再加上中国数千年的文化，有些人碍面子，双方都有一个碍面子的问题，有时候就不能定一个很好的和约，事后也很难进行一个比较认真的考核评估。这是经常发生的问题，甚至是比价值观差异还要大的一个问题。

（3）将制度作为保证

老板要想与职业经理人建立长久关系，就要建立起一套行之有效的职业经理人的制度。信任是相对的，不信任是绝对的，二者之间必须要建立一种制度。事实上，在企业中员工和员工之间、企业和企业之间、职业经理人和老板之间，应该建立一种技术关系，一种互相依存的技术关系，而不是一种感情关系，因为感情关系非常的脆弱。如果二者之间建立起一种技术关系，就会藕断丝连，你打他一拳他都走不了，这才是一个应该建立的东西。

无数事实告诉我们，老板和职业经理人建立互信是有前提和基础的，这就是思想基础、物质基础和行为基础。只要二者形成了彼此认同的价值观，在责、权、利、风险四统一的前提下寻求利益的一致性，经理人摆正位置，做好执行者和决策者，二者的互信关系就能够建立起来并稳步发展。

第二章

互信不仅是一种美德，更是取得成功的重要资源

自律是在主体独立作用下规范、完善自身；互信是主体间的相互信赖、良性互动。在重建社会互信的过程中，互信不仅是一种美德，更是取得成功的重要资源。在整个社会的自律系统中，互信制度的建立具有重要作用；同时，一个社会自律系统的建立，意味着需要全社会共建互信机制。自律与互信作为构筑和谐劳动关系的基石，个体自律是社会征信体系建设的原点，而正能量的社会互信则能够在构建和谐社会过程中发挥出“聚能池”的作用，从而促进社会的和谐发展。全社会的诚信建设是和谐社会的主要内容，在这方面我们任重而道远。

中国不缺互信思想，缺的是互信制度

互信问题是当代社会关系构建的重要问题之一。在全球化、市场化背景下，加强人与人之间的平等对话与沟通，构建一个值得信赖的制度环境，提高不同角色主体的道德修养，是互信之所以建立的关键。

1. 中国人的互信思想

中国古人的人际交往比较注重互助、互信和忠诚的责任和德性，历史上这样的例子有很多。比如，宋代著名政治家、文学家王安石就写过一篇文章《同学一首别子固》，鲜明地反映了人之相处互信的可贵。

文章说，江南有一位贤人，姓曾名巩，字子固。他不是现在一般人所说的那种贤人。我敬慕他，并和他交朋友。淮南有一位贤人，姓孙名侔，字正之，他也不是现在一般人所说的那种贤人。我敬慕他，也和他交朋友。这两位贤人，不曾互相往来，不曾互相交谈，也没有互相赠送过礼品。他们的老师和朋友，难道都是相同的吗？我注意考察他们的言行，他们之间的不同之处，竟是多么少呀！应该说，这是他们学习圣人的结果。学习圣人，那么他们的老师和朋友，也必定是学习圣人的人。圣人的言行，难道会有两样的吗？他们的相似，就是必然的了。我在淮南，向正之提起子固，正之不怀疑我的话。回到江南，向子固提起正之，子固也很相信我的话。于是我知道：被人们认为是贤人的人，他们的言行既相似，又互相信任，而坚决不会猜疑。子固写了一篇《怀友》赠给我，其大意是希望互相帮助，以便达到中庸（做人不偏不倚、无过无不及的意思）的标准，才肯甘休。正之也经常这样说过。驾着车子稳步前进，驶过中庸的门庭，而进入内室，除了这两位贤人，还能有谁呢？我过去不敢肯定自己有可能达到中庸的境地，但也愿意跟在他们左右奔走。在他们的帮助下前进，大概能够达到步入中庸之境的目的。唉！做官的各有自己的职守，由于个人私事的牵挂，我们之间不能够经常相聚，作《同学一首别子固》，用来互相告诫，并且互相慰勉。

在王安石看来，互信是可贵的，是非常重要的美德，它是建立在大家至少是双方都诚实的基础上的。事实上，这种互信思想在中国古代是很丰富的，并且贯穿千年，延续至今。面对古代的圣人贤者，面对列祖列宗，我们应该诚实互信；面对全世界的朋友，我们应该互信诚实。神目如电，切莫自欺欺人。

现如今，在全球化背景下，依靠发达而便利的交通网络，凭借无孔不入的信息技术，现代人的生活经常被置身于一种陌生的环境之中。在各种场所，如公共汽车上、火车上、飞机上、饭店里、商场中，总有许多陌生的面孔与你不期而遇，他们中有的或许与你只有匆匆一瞥的交流，有的则将与你发生重要的交换，有的或许是你漫长旅途中的一个使你感到安全或危险的过客，能否建立起陌生人之间的互信，这是现代人所必须认真面对的重大问题之一。人际关系实际上就是一种综合性很强的互助互信关系。然而，在一个充满不同利益需求的社会中，彼此陌生的人之间建立互信并非易事。

如果说传统社会的互信是人格信任，那么现代社会则是制度互信。构造长期稳固的互信基础，须依靠制度建设。制度，是现代社会关系能否构建起互信的最重要的元素。

2. 互信与制度的关系

社会分工和个体需要的多样性，以及个体自身的局限性决定了个体之间必须互利合作。但是现代社会组织结构的复杂性，使得有限的个体只能与有限的个体建立起有限的互信。更多的时候我们对社会生活中所依赖的那些人是不了解的。公共机构和组织的管理者、技术系统的操作者、商品的生产者、服务的提供者，我们几乎全不认识。这时候互信与制度的关系就显现了出来。

我们来看坐车的一种情形。当你坐在公交车上，你不认识驾驶员，也不清楚他的驾驶技术如何，但你却同样坦然自若。这时你相信交通法规对公交车驾驶员条件的严格限制，你相信公交公司不会拿公司的利益和乘客的生命当儿戏，你相信交通警察会严格执法。正如卢曼等人强调的，“给予信任，尤其是对那些嵌入制度的陌生人给予信任，使得跨越大的时空范围而行动协调成为可能，这也使更加复杂、分化和多样化的社会的种种好处得到可能”。

正是对制度的信任，让我们建立起陌生人之间互信的桥梁。就像你要买菜、看病、办事，但你不需要去认识菜场里的每一名小贩、医院里的每一名医生、政府里的每一名官员。在这个意义上，制度是产生互信的基础。

制度本身也是互信的对象。因为从理论上讲，社会生活中许多领域都存在制度的真空地带。事物不断变化发展的特性，也使得制度不可能包罗万象、十全十美，总会出现这样或那样的漏洞。从现实角度看，许多制度的执行是不能令人满意的。“政策可以商量，原则可以变通，是非界限模糊，衡量标准不一”的现象比比皆是。况且制度的制定和执行都有人的因素，由于人的不确定性，制度也就具有不确定性。比如企业绩效考核制度，企业为了实现生产经营目的，会根据单位（部门）的经营范围和业务特点，确定各单位的绩效考核指标及目标值，并制订出详细的考核办法。但是考核指标和考核本身只能是相对公平的，许多岗位的日常管理、业务工作是无法用指标来衡量的，只能进行定性的考核，这时候制度的缺陷还需要互信来弥补，通过尊重人、相信人，调动员工的积极性和主动性来促进绩效目标的完成。

3. 建立互信制度的现实性和紧迫性

杀熟，是当下中国社会生活中出现的新词汇，意思是欺诈熟人。语言是社会生活的镜子。欺诈熟人的现象可以在任何社会中找到，但类似“杀熟”的词汇却鲜见于以往的社会，说明“杀熟”在今天的中国已经成为一种频率较高的、不断进入日常话语的社会事实。大量事实表明，中国社会正在经历相当严重的信任危机。

在产品市场上，假冒伪劣泛滥，从 20 世纪 80 年代的假表、假电器、假烟到现在的假米、假药、假针筒，等等，造假不仅没有随着一轮轮的“打假”迅速得到遏制，反而愈演愈烈；在资本市场上，大量的上市公司有组织地报表造假早已不是什么新闻；在劳动力市场上，假合同、假雇用、欺诈勒索等行为层出不穷；在建筑市场上，“豆腐渣”工程比比皆是；在政府部门，大范围和大规模的数据造假已成为标准的官场文化；在教育界，假学历、假文凭已泛滥成灾；在学术界，论文抄袭现象时有发生。这一切都是社会缺乏互信的表现和结果。制度互信无从确立，而杀熟又使建立在熟悉度基础上的人际互信受到冲击。

互信是社会秩序的基础之一，没有了互信，社会的正常运转将出现危机。因为任何个体或组织对外界信息的了解和掌握都不可能是完全的，行动主体做出的行动选择与其结果并不是同行动主体预料的一一契合。缺少互信，任何社会关系都不可能持久存在。而互信的存在有助于增强社会成员的向心力和安全感，可以降低社会运行的成本，提高效率。因此，互信被很多学者认为是“稳定社会关系的基本因素”。

现代人的相互信任达成之所以困难，归根结底，是因为现代社会关系中的经济主义泛滥，使得现代人的“经济人”人格具有过度张扬的倾向。“经济人”在本质上是自利的，且这种自利倾向往往使得“经济人”对于所谓的“蛋糕理论”具有高度的共识：如果别人分得的“蛋糕”份额多一点，也就意味着你将获得少一点。所以，从这种逻辑出发，自然“经济人”之间是难以达成互信的。当然，随着市场经济的发达与市场游戏规则的日益完善，作为市场主体的“经济人”对于利益的相互性认知越来越高，而且就“经济人”的本性来说，彼此之间的诚信有利于交易成本的降低。这些无疑强化了“经济人”的道德理性色彩。从另一个角度讲，任何人都是一个具有个体性和社会性的二重性存在，尤其是在市场经济条件下，人性的变化会更大。

在中国这样一个发展中国家的市场经济建设过程中，由于历史原因所造成的城乡差别，使得农民作为市场主体的能力在与其他市场主体的交易中必然会居于信息不对称的弱方，因而即使是市场法则得到完全地遵守，也不可能保障交易的实质公正。如果是这样的话，如何建立起社会各阶层之间的互信呢？

欲解决这些问题，当然要从制度设计入手。然而，必须意识到的是，确实没有制度是不行的，但制度又不是万能的。如果整个社会信赖体系的构建只从“经济人”的角度出发，而没有“道德人”的维度，这种社会只能说是一个契约或合同社会，而不能说是一个信赖社会。其实道德风险的系数要大于制度成本的付出，所以，一般而言，“经济人”愿意选择制度。

在市场经济时代，在一个价值取向多元化的社会里，更应该加强和深化道德建设，也需要构建一个值得信赖的制度环境。只有如此，才能提高现代人在不同角色转换中的伦理应对能力与水平，才能加强人与人之间相处的互信意识，提高整个社会的互信度。而随着这种互信度的提高，反过来必然会促进经济活动中诚信守法意识的提高，以及市场经济的健康发展。

建立互信机制，需要全社会努力

互信机制是社会信用体系建设的重要内容。社会信用体系建设是加强和创新社会治理的有效途径，需要调动全社会的力量，形成合力，营造诚实、自律、守信、互信的社会信用环境。也就是说，建立社会互信机制，需要全社会一起参与，共同努力。

1. 理性看待信任问题

据《瑞安日报》2015 年 4 月 30 日报道，在瑞城每天的道路上，有一批特殊的车主，他们的车上系着绿丝带，贴着统一的爱心顺风车标志，以免费搭载他人为乐。这就是瑞安市爱心顺风车协会设立的“互信小站”，涵盖了瑞安瑞枫线、56 省道两条主要城乡干线，让更多的顺风车主有了固定搭载点，也让市民对顺风车更多了份信任。

互信是什么？互信是人与人之间最弥足珍贵的纽带。互信的基础，是要求我们学会做人。而讲究文明则是做人的起点，文明行为不仅给他人、给社会带来愉快和谐，也能创造充满爱心的环境，给自己带来心理慰藉。瑞安的“互信小站”就是一个标志性的说明。飘扬的绿丝带，是瑞安人用一个善良的选择来给我们这个社会一个满意的交代。“互信小站”让我们相信明天，相信大爱，相信社会互信一定可以重新拾起来。

“互信小站”的产生，表明我们的社会是有互信基础存在的。但同时，我们也必须理性看待人与人之间的不信任正在扩大这一不争之实。“互不信”是有着深刻的社会成因的。

随着社会转型期的到来，新的社会矛盾与社会问题不断出现，由此引发的各类事件时有发生，有时甚至发生频率很高。从历史的、发展的观点看待这个问题，社会转型期也是黄金发展期。因此，抱着客观的、理性的、平和的心态对待社会公众情绪，包括信任度下降这样的问题，越加显得重要。毕竟，所谓社会信任度下降有着其多重的社会环境和复杂的诱发因素。换个角度看待社会信任度下降的问题或许更有益处。改革开放以来，随着人们物质生活水平的提高和精神追求的多元化，公众的需求也随之逐渐提高。社会信任度的下降，也从侧面验证和体现了公民素质的提高。在资讯高度发达、信息异常透明、科技日新月异、民主意识日益增强的今天，公民的自我保护意识增强了，对客观环境和生存状况包括社会诚信度的要求会越来越高，也更加挑剔。由此看来，这亦是社会文明进步的体现。

毋庸置疑，我们没有必要存在那么多的顾虑，对什么都将信将疑。还是对社会多一份信任，对周围的人和事多一份宽容和理解。因为这样做，对我们每一个人都有好处。而要做到这一点，不仅要依靠公共权力部门的提倡和引导，更需要全社会的努力，从自我做起，在生活环境、生活方式、生活情趣、传统习惯、道德规范等诸多方面，形成良好的社会环境和气氛。唯有如此，才能抛却人与人之间的猜忌、怀疑，增强互信，促进社会的长足发展和进步。

互信的生成，需要有适宜的土壤，培养它们需经年累月，摧毁它们或在片刻之间。它的成长要有大量的前提条件，比如法治清明、权利平等、贫富均衡等。如此，方可形成价值共识，使人们更易于达成和解、信任。“互信小站”，是民间善举力量的迸发，表明互信在瑞安有着深厚的群众基础。但互信需要广大民众的共同努力，更离不开政府的积极引导，认真示范。老百姓之所以成为“老不信”，原因即在于政务信息不公开、权力运用不透明。政务公开、信息透明是取信于民之道。因此，政府要主动及时公开信息、提高政府工作透明度，充分尊重百姓知情权、参与权、表达权、监督权，破除干群之间、百姓与政府之间的信任鸿沟，把政务放进“玻璃缸”，让权力在阳光下运行。

一个能随意让陌生人搭车、放心把行李交给陌生人看管、不相识的人之间随时报以微笑的社会，必是一个权利平等、市场成熟、贫富均衡的社会。

2. 全社会参与共建互信机制

新常态下的市场体制需要价值基础，社会体制同样也需要社会互信。价值基础和社会互信都是软性因素，它们看起来不重要，其实非常关键。试想：在一个百姓不信任的社会环境中，何以能调动他们参与的积极性和实现人与人之间关系的和谐？这其实回到了一个老问题：人最需要、最看重、最认同、最容易吸引人、最崇敬的东西永远不是钱和物，而是思想、情感、道德、信仰、信念、价值。一个社会只有重视这些东西，这个社会才有可能回归秩序、活力、尊重、和谐。因此，要跳出用经济建设的方式建设社会的怪圈，逐步把经济方式转变与社会方式转变有机结合起来，这是社会建设的正道，也是社会的常态。而在这之中，全民参与的互信机制的共建就显得非常重要了。这需要主体间的相互信任作为基础，有一套有利于彼此进行交流协商的制度和机制作为保障。

全社会共建互信机制，需要政府不断加强与人民的沟通，建立参与主体之间的互信，如果缺乏这样的互信，社会建设主体的动力何在？建立与人民的互信必须坚持多元治理。社会治理强调的是多元主体参与，在推进社会建设工作中，要在动员社区、社会组织、居民、志愿者等社会力量广泛参与的基础上，更要从当前工作的空白点和薄弱点入手，重点围绕党委政府决策部署的大事、居民群众亟待解决的难事、突发事件应对处置的急事，在动员社会单位参与社会建设、动员各种社会力量提供公共服务上有新突破，健全完善工作机制，使社会动员更加广泛。针对有参与积极性的社会群体和人民群众，动员组织部门和机构建立起互动互利机制，通过举行听证会、新闻发布会、各种讲座，将自己要实施的计划和项目介绍给群众，建立起公共参与的平台。

全社会共建互信机制，需要企业努力发掘有利于合作改进社会责任绩效的商业机会，积极发展互信互利的企业间合作关系来改善商业环境，提高效率，减少社会资源和环境资源的浪费。比如，发展生态产业、可持续生计项目等，建立社会责任导向的创新激励体系；在发起、主导或参与的战略联盟中推动企业社会责任标准的实施；主动对企业活动的环境影响进行适当披露，并承诺对其生产经营进行调整；尤其是在公共关系活动中应主动奉行高标准的职业道德标准，营造公平、规范的企业沟通环境，杜绝不正当的利益交换行为；要打造过硬的产品质量，提升服务水平，以赢得消费者的信任。

全社会共建互信机制，需要个人在人际关系中建立信任，融洽相处，遵循以下可操作的原则：一是有一颗真诚的心。朋友之间相处是两方面的事情，如果一方拥有私心，那么无论如何也不可能建立信任，所以要想朋友之间好好相处，就必须两个人都真诚相待。二是有了矛盾应及时化解。人和人相处难免会产生矛盾，要想矛盾不恶化，就必须及时地进行处理，这是相处下去的根本。三是懂得谦让。朋友之间相处就应该凡事为对方着想，有一颗懂得谦让的心，这样才能取得朋友的信任。四是凡事记得为对方着想。生活中会遇到许多不确定的事情，如果遇到的话千万不要忘记自己还有一个朋友。只要你把对方看得比自己重要，那么对方才会重视你，才会信任你。五是不自私。任何时候我们一定不要失去对朋友的信任，任何时候都不应该只为自己而不想朋友，因为这是坚持下去的基础。

3. 培育社会互信的两个途径

在全社会参与构建互信机制的过程中，又该通过什么途径重建我们的社会互信呢？建议采取以下两个途径：

（1）官民互信

从行为主体来看，所谓互信，无非有两大类别，其一是私与私的互信关系，其二是私与公的互信关系。通俗而言，即民民互信和官民互信。由于官民的权利义务并不对等，官对民有行政、法律等多种约束手段，而民对官的信任缺失却没有有效的约束。所以，官民互信关系中，当下更重要的是恢复和建立民对官的信任，也就是政府公信力的问题。

（2）可借鉴“思想市场”，成就共识与互信

2011 年年底，诺贝尔经济学奖得主罗纳德·科斯对中国人说了一段发自肺腑的话：“回顾中国过去三十多年，所取得的成绩令人惊叹不已，往前看，未来光明无量。但是，如今的中国经济面临着一个重要问题，即缺乏思想市场，这是中国经济诸多弊端和险象丛生的根源。”他接着说道，“开放、自由的思想市场，不能阻止错误思想或邪恶观念的产生，但历史已经表明，就这一方面，压抑思想市场会招致更坏的结果。一个运作良好的思想市场，培育宽容，这是一服有效的对偏见和自负的解毒剂。”

抛开金融体制改革、财税体制改革等具体深化领域不说，在形而上的层面上，多元的价值观念和无序的经济伦理是中国未来改革深化需要跨越的巨大鸿沟。发展思想市场，不仅能培育宽容，也能够培育良好的价值共识和社会互信。更重要的是，能够为我们提供寻求实现共识和互信方法的可能。

著名社会学家费孝通先生曾说：“各美其美，美人之美，美美与共，天下大同。”即使在社会转型时期，每一个人在细节上的点滴努力，依然可以推动公共生活的尽善尽美；即使在陌生人社会，互信互助依然可以让公共空间更加真诚、宽阔和温暖。

自律与互信是构筑和谐劳动关系的基石

自律是在主体独立作用下规范、完善自身；互信是主体间的相互信赖、良性互动。自律与互信是构筑和谐劳动关系的基石。下面以自律和互信为和谐劳动关系的核心，从和谐劳动关系的内涵和特征、劳动关系的行为主体及和谐劳动关系的规则机制 3 个方面予以阐述。

1. 和谐劳动关系的内涵和特征

研究和谐劳动关系的文章很多，但是对“和谐劳动关系”的正面说明和定义并不多。学界虽然没有形成统一的定义，但是关于“和谐劳动关系”的内涵和特征已经达成一定的共识。概括起来，其内涵和特征主要由以下要素构成：

（1）和谐劳动关系应当是建立在法制基础上的

现代社会依靠法律规范人的行为，法律是调整劳动关系的基本手段。劳动关系在形成、运行、处理、协调等方面应当实现法制化，应当把法律原则、法律方式作为调整劳动关系的主要模式。我国已经颁布了《劳动法》《劳动合同法》《工会法》《安全生产法》《就业促进法》《劳动争议调解仲裁法》等一系列劳动法律法规，这是建立和谐劳动关系的基本依据和保障。劳动关系双方通过签订劳动合同确立其权利与义务的法律关系，以各项法律规范和约束劳动关系双方当事人的行为。

（2）和谐劳动关系应当是民主化的

民主化的劳动关系主要包括：劳动关系三方协商机制的形成，即各级人民政府劳动行政部门应当会同同级工会和企业方面代表建立劳动关系三方协商机制，共同参与劳动法律、法规、政策的制定与实施，共同研究解决劳动关系方面的重大问题；平等协商和集体合同制度的形成，对涉及职工劳动权益（诸如劳动安全、劳动保障、工资待遇等）的问题，由工会代表职工与用人单位进行平等协商，签订集体合同，用以规范劳动关系双方的行为；职工民主管理制度的形成，我国民主管理的基本形式是职工代表大会，应当加强职代会制度建设，使职代会成为调整劳动关系的重要机制。

（3）和谐劳动关系应当体现公平正义

公平正义是构建和谐劳动关系的基础。在劳动关系双方订立劳动合同时，不仅要遵循法律、法规，还要做到公平正义，要公平合理地确定双方的权利和义务。只有在劳动合同的签订、劳动过程的运行、劳动成果的分配等环节上实现公平正义，才能调动劳动关系双方的积极性，激发劳动者的创造性。

（4）和谐劳动关系应当有化解矛盾冲突的有效机制

和谐劳动关系并非没有矛盾和冲突，而是使矛盾和冲突有一个正常的化解渠道和手段。劳动关系双方由于地位、立场和价值取向等差异，产生一些矛盾是正常的，关键是要有一套容纳和化解矛盾的机制，使劳动关系的矛盾能够及时有效地通过此机制得到化解，从而维持劳动关系双方利益的动态平衡。

（5）和谐劳动关系应当处于良性运行中

如果劳动关系的形成和运行过程中是依法进行的，充分体现公平正义，劳动关系双方真正达到平等对话、公开谈判、民主协商，实现合作双赢、互惠互利、互信互谅，并通过化解矛盾的有效机制的正常工作，达到劳动关系的良性运行，这样的劳动关系状况才是和谐劳动关系。

我国正处于社会转型期，经济制度、产权制度均发生根本性的变化，经济转型升级、社会结构变动、利益格局调整加快，而且随着现代化、市场化、城镇化、信息化、全球化等多重社会变迁交织，呈现出用工和就业主体多样化，利益关系和分配方式等多元化，劳动关系复杂化、动态化、分层化的趋势。

2. 劳动关系的行为主体

劳动关系系统的行为主体主要为劳动者及其组织（工会）、雇主及其组织和政府。他们构成了系统内的支点，其平衡协调与互动奏响了和谐劳动关系的主旋律。

工会被赋予了政治作用、社会作用、经济作用。这三种职能串联起工会与外部环境关系的纵轴线。工会职能依赖于工会的独立性，而发挥的效果则取决于与其他主体的互信和在关系中角色的转换和平衡。首先，工会是劳动者的利益代表团体，在协调和稳定劳动关系方面发挥着重要作用。为了实现其利益代表性，工会要建立自身的独立性和民主性。其次，工会应是值得信赖的对话者，成为雇员和雇主的纽带，疏通交流渠道，完成上传下达的功效。同时，工会充当着“准公共团体”的角色，对公共环境的和谐稳定有一定作用。

劳动者由于隶属于企业，因而具有一定的服从意识，必须要接受组织的控制、指挥和管理，但不能将劳动力简单地与商品同视。劳动者不仅仅是劳动力的提供者，更是劳动条件的“交涉”者。劳动商品的特殊性表现为人身附着性和不可储存性。劳动者具有劳动技能、独立的人格，拥有劳动欲望，富有协作精神。这些要素构成了劳动者自律、提升自我价值的必备素质。权利意识的强化、合作观念的深化能够将劳动者团结起来，提升劳动者的整体地位。劳动者的专业程度和敬业精神成了雇主信赖劳动者的源泉。劳动者培育的职业认同感和心理契约更是企业与劳动者互信的催化剂。

雇主或企业追求利润，这是他们的天然驱动力。只要替代劳动力源源不断供应，追求利润的目的就能实现，对劳动者的压榨似乎成为合理化，雇主的强势地位似乎“理所当然”。但是一旦关系的天平失衡，就会导致矛盾爆发，关系链条断裂，波及整个关系网络，甚至给企业的发展和稳定带来致命的伤害。而且当今人权问题日益受到人们的重视，对人性的关注使得企业将停滞的目光放得长远。如何将劳动者的思想与企业文化相融合，如何实现人力资源的有效利用和高效打造而非绝对压榨，如何把握劳动关系双方间的利益权衡以实现双赢，就要求企业有较强的自律意识。如何使社会资源（劳动力资源、市场资源、商品资源等）有效整合成为企业的长期驱动力，如何锻造优秀的雇主品牌，如何通过企业社会责任来推动社会的可持续发展，这对企业与其他主体建立互信提出了更高的要求。

政府作为“第三方”就在劳动关系中扮演了一个很重要的角色。由于雇主和雇员经济地位的差别以及个别劳动关系的从属性，劳动者通常处于被支配的地位，由此造成劳动力损耗必然会阻碍劳动力的再生产，影响社会生产力的发展。由于政府的介入，受政府控制或影响的组织会不断扩大，而且政府对工会统领的现象也时常发生。但是若政府规制过多，适得其反，使得受控制的主体丧失自我约束、自律的意识，高压式的操作、不透明的垄断终会使劳动关系的链条不堪重负。所以政府应在提升自信的前提下通过法律法规的适当效力来使劳资双方自发自觉地树立自律意识，自行自为地寻求协商互助的平台。

3. 和谐劳动关系的规则机制

自律与互信是需要机制来保障和协调的。首先，劳动关系具有长期性和连续性，冲突是不可避免的。其次，冲突也可能作为建立信赖关系过程中的“释放点”。同时，自律需要既定的框架和运行轨道，信赖也体现在主体主导合意的规范。所以，机制既是自律和互信的内在要求，也是外在表现。

现行的机制主要为劳动标准、劳动合同、集体谈判、企业规章制度、争议处理和三方协商。劳动标准是国家立法制定的基本规范，具有强制性、指导性和约束性。劳动合同是国家公权力的介入，使劳动关系在市场化、合同化的框架中得以发展。集体谈判由劳资双方通过自主谈判灵活有效地达成合意，弥补既定规则的不完备，体现民主化和灵活性。规章制度将雇主和雇员的权利和义务具体化、制度化，体现企业在政府规制框架下行为的自律程度，并融入企业核心文化和价值观。劳动争议处理表现为资源整合和关系调解，在于获取争议双方当事人的信赖。三方协商作为协商与申诉机制，在信赖的氛围中寻得合意，促进民主化的推进。

在劳动关系系统中，自律和互信建立在主体形成和机制运行的基础上。主体在机制的运作下独立自律，在信赖的前提下良性互动。只有这样，劳动关系才能迈入和谐发展的新轨道，在长效稳定的轨道上运行。

需要指出的是，构建和谐劳动关系并不是没有矛盾和冲突，而是使矛盾和冲突有一个正常的化解渠道。在发展社会主义市场经济的过程中，基于利益关系而产生的劳动关系矛盾是普遍存在的，有时还可能比较激烈，但这些矛盾可以通过劳动关系双方的平等协商机制加以解决，我们要通过设立规则，为解决劳动关系矛盾提供一个制度化的利益平衡机制，让这些因利益而引起的矛盾和冲突能够容纳在制度框架下，以制度化的方式加以解决。当然，这是一个长期的过程。

个体自律是社会征信体系建设的原点

2011 年 10 月 19 日召开的国务院常务会议提出：“把诚信建设摆在突出位置，大力推进政务诚信、商务诚信、社会诚信和司法公信建设，抓紧建立健全覆盖全社会的征信系统，加大对失信行为的惩戒力度，在全社会广泛形成守信光荣、失信可耻的氛围。”政府应该加快征信立法和制度建设、完善信用服务市场体系、加强政务诚信建设、培养社会诚信意识，在社会征信体系建设中发挥重要作用。2012 年 12 月 26 日《征信业管理条例》经国务院第 228 次常务会议通过，2013 年 1 月 21 日中华人民共和国国务院令第 631 号公布。该《条例》分总则、征信机构、征信业务规则、异议和投诉、金融信用信息基础数据库、监督管理、法律责任、附则共 8 章 47 条，自 2013 年 3 月 15 日起施行。

社会征信体系是一种社会机制，旨在建立一个适合信用交易发展的市场环境，直接地保证市场经济走向成熟，其核心作用在于，记录社会主体信用状况，揭示社会主体信用优劣，警示社会主体信用风险，并整合全社会力量褒扬诚信，惩戒失信。可以充分调动市场自身的力量净化环境，降低发展成本，降低发展风险，弘扬诚信文化。

社会征信体系覆盖社会的各个层面，会极大地改观当前社会诚信缺失问题，每一个社会个体必将因此受惠。但一个迫切的问题是，在社会征信体系中，每一个社会个体该怎么办？是观望、等待，还是自律、践行？一条可行的途径是，倡导和重拾社会个体的诚信自律。这一点，正是社会征信体系建设的原点所在。

1. 个体是社会征信体系建设的原点

社会是由一个个独立存在的个体组成的，包括各类法人和自然人在内的个体之间的互动和联系，是社会运行的基本形态。因此，个体的诚信自律程度，决定了整个社会的诚信水平和信用生态。有了个体对诚信的自律，整个社会才不至于失信泛滥；有了个体对诚信的坚定捍卫，整个社会才会自觉将诚信作为正常运转的基本法则。

社会主义市场经济本质上是一种契约经济，也是一种诚信经济，其对个体诚信的要求不言而喻。中国传统文化对诚信也极为推崇，将“信”与“仁、义、礼、智”并列为五大道德范畴。诚信缺失的原因很复杂，但主要是任由利益驱使，贪图眼前利益而不顾长远利益，自私自利而不知互惠互利，产生“我信人而人不信我”“人负我而我不负人”就是“吃亏”“犯傻”的畸形心理。这是一个可怕的恶性循环。

当每一个个体担心讲诚信会吃亏的时候，诚信就开始远离这个社会。当一个人认为投机取巧、蒙人耳目就是得便宜的时候，也可能陷入他者设下的诚信陷阱。所以，倡导个人诚信自律，就必须确立一种吃亏是福的心态，必须重拾“己所不欲，勿施于人”的古训，在点点滴滴的细节中，因自律而自信，借他律而互信。如此，再辅以社会征信系统的建设，诚信的回归就不难完成。很简单，假如每一个社会个体都是社会征信体系建设的原点，社会诚信必会彼此联结成网。

2. 个人诚信与个人自律

自律与诚信是息息相关的。没有了自律，诚信变得空洞；没有了自律，诚信变得空话；没有了自律，诚信就变得缺陷。只要人人自律，社会上就不会有打架斗殴的发生：只要市场主体自律，市场上就不会有假冒伪劣的出现；只要公务员自律，政府部门就不会有腐败分子的揪出……总的来说，通过自律，提高诚信度，增强人们的信任度。

在中国文明史上，诚信一直作为一个道德命题而存在。孔子很早就把诚信提到了“民无信不立”的高度。恋人的海誓山盟、朋友的义结金兰、国家的塞外和亲……都是人们通过许诺或誓言来表达诚信。

进入文明社会，诚信的作用随着人类社会的进步发挥着越来越大的作用。我们经历过古代的飞鸽传书，经历过现代的邮电通信、电话电报，经历着当代的计算机网络……这都是诚信作用下的结果。正如英国著名社会学家古登斯提出的，现代社会是一种信任社会。信任社会使得同一时间、同一地点的交易活动向着时空分离发展了。彼此的信任使得无穷的地球变成地球村，使得地球变成地球屋了。

诚信是人际交往的基础。要使自己具有诚信，不在世俗的恶流中随波逐流，其根本就是自律——自我约束、自我管制，从我做起。这道理也很简单，连自己都不诚信于人，还有资格要求别人诚信于自己吗？如果说，要别人先诚信是条件，自己对别人诚信是结果，那犹如执己之矛，攻己之盾——不攻自破了。

一个自律的人，是一个具有宽容气度、严谨节操、淡泊情趣、高雅气质的人。作为一个社会个体，自律是可以培养的，要一切从自己做起，从现在做起。

（1）做一个真我的人

每一个人，都持有自身生命的活水，那就是“真我”。真性真情，就是我们天生具备的自家宝藏，取之不尽，用之不竭。拥有真性情，拥有诚实的心，对待家人，即可至亲至孝、至情至深；对待朋友，即可淡无心机，坦荡心怀；对待他人，即可宽厚待人、少思计较；对待事物，即可驱除眼碍，寻得本性，自得其乐。

（2）做一个自律的人

自律，源于一个人对自己的真正关爱，源于一种道德良知。做一个自律的人，就是能率真地面对自我，素心为人，侠义交友；就是能品行如修竹傲立、操履严明、守正不阿；就是能做到才华应韫、德居人前、利在人后；就是能面对形形色色的诱惑，做到心不动、眼不迷、嘴不馋、手不伸。因为自律拥有自尊，因为自律拥有自信。

（3）做一个守静的人

静，是一颗平常心，是一种气度，是一种境界。守静，就是守志向、守本心、守清贫、守气节、守志向。守静，就是要做一个身置闲处，心安静中的人。心不动，才能坚守节操；心不动，才能守护真我。静，并不是静止的，而存在于动的平衡状态之中，是一种通过自我调节，走向平衡、安静的内心状态。一颗冷静的心，可跳出世俗的羡慕；一颗安静的心，可消磨贪念与执迷；一颗沉静的心，可拥有闲散的志趣；一颗守静的心，即可达到苏轼《定风波》中“回首向来萧瑟处，归去，也无风雨也无晴”的淡然境界。

（4）做一个挑战自己的人

困境不可怕，可怕的是我们自己失去自信，失去斗志。生活，是一本教科书，很多时候，我们身边的环境，并不如我们所愿，在困境中，更需要学会欣赏自己，相信自己，肯定自己，鼓励自己，这样，你就会发现，你的生命将焕发新的生机，让生命的每一天，都做一个全新的自己，一个敢于挑战的自己，一个生命飞扬的自己。每一个人都与众不同，有着自己独特的美丽。生活原本如此美好，天空原本如此晴朗，需要改变的，不是身边的环境，而是我们的心态。

（5）做一个自省的人

自省，就是通过自我意识来省察自己言行的过程。所谓“静坐观心，真妄毕现”。夜深人静时，独坐观心，自我反省，这时候，就可以得到很多感悟。反省，是一面镜子，是一剂良药，是把自己引向做一个有尊严、有人格的人的阶梯。

自律是一种道德体现。古人说“富贵不能淫，贫贱不能移，威武不能屈”，可见他们的道德自律立场是多么的坚定，有时甚至为保持忠贞的自相志向而退隐于深山野林。古人高尚的节操，今人不但为之感动，更要追求其自律精神、构建诚信，最主要的正是自律！

让社会互信的“聚能池”发动起来

2013年7月的一天，浙江省桐乡市友谊城市公交有限公司收到了一封信。特殊的是，信封里除了有一封感谢信外，还有两枚一元硬币。这背后有着怎样的故事?

写信者名叫苏萧悦，是桐乡市高级中学312班的学生。不久前，小苏在公交西南站乘坐城市公交8路车前往老六中。到站后，由于走得匆忙，不小心把钱包落在了车上，直到购物付钱时，才发现钱包不见了。小苏赶忙返回下车站点，但原先乘坐的公交车早已开走。小苏焦急万分，在站台上不知所措。包内有身份证、公交卡、银行卡和少量现金，如果真的不见了，补办非常麻烦。此时，另一辆8路车迎面驶来，小苏抱着试试看的心态上车把事情告诉了驾驶员倪国庆。倪国庆一边安慰小苏，一边向车队汇报情况。车队很快传来消息，小苏的钱包在驾驶员曹洪林那里。

原来，车队早已接到公交车驾驶员曹洪林的电话，说捡到了钱包，现在钱包在凤高终点站。倪国庆考虑到小苏身无分文，便免费载她去了凤高站点。小苏深深为公交车司机这种拾金不昧、助人为乐的精神感动，为桐乡有这样的公交车驾驶员而骄傲。小苏握着曹洪林的手连声说“谢谢”。

由于乘坐第二辆公交车时没有付钱，小苏便在感谢信中附上了两元钱，要求把车费补上。驾驶员倪国庆和曹洪林认为自己的行为不值一提，却感动地说：“信中的两元钱，虽是小事，却让我们感受到了社会上人与人之间的相互信赖。”

这个案例充分反映出了社会互信的“正能量”作用，构建和谐社会，需要这种强大的正能量。如果我们能够在正确分析社会成员互信缺失原因的基础上，采取科学合理的办法来构建一个社会成员高度互信的社会，那么，正能量的社会互信就能在构建和谐中发挥出“聚能池”的作用，从而促进社会的和谐发展。

1. 互信是一股社会正能量

互信，是一件得之很难、失之最易的品行。被信任者即是被信赖者，那也是人生的重要财富，这种财富积累得越多，做事的成功率越高。一个民族，一个国家，互信的人越多，其社会越安定，越同心，越和谐。

（1）互信是一种生命的力量

一场突如其来的地震引起的塌方把 3 名采煤工人困在地下 100 多米深的巷道里。一天过去了，两天过去了，其中的一个人受不了黑暗与寂静的折磨，于绝望中疯狂地冲入巷道深处，再也没有回来。另一个人在不停地挖掘的过程中耗尽了所有的力气，于时梦时醒的惊悸中闭上了双眼。一个星期后，唯一的幸存者被蒙住双眼抬上地面。这是发生在 20 世纪 70 年代的一个真实的故事。多年后，其中的一名遇难者家属曾这样问他：“当初你怎么就挺过来了？”他沉默了好一会儿，然后开始叙述那年他在井下重复了上百遍的那句话：会有人来救我们的。这是应验于冥冥中的一句谶语吗？不是的，而是因为信任别人，所以才拯救了自己。生与死的哲理，往往就是这么简单。

从另外一个角度说，互信其实不是一种态度，而是一种能力。从根本上说，一个人对外界的人和事物的信任，是其对自己的信任外向投射的结果。那个不停挖掘的人，是把自己的值得信任的部分投射到了地面上的人身上，这样的人，如果别人遇到危险，也会尽职尽责地去救他人。有一个更简单的例子也许可以把这个问题说得更加清楚：在贼的眼里，所有的人都可能是贼。从这个意义来说，信任他人，就是信任自己。

（2）互信是一种相互的力量

这个世界上，没有绝对值得信任的人和事，所以，只要互信，就伴随着一定程度的风险。心理健康的人，会模糊处理这一问题，只要有大的把握，就选择完全信任，并在此基础上做该做的事情；而心理不那么健康的人，则会过分看重事物没有把握的那极小部分，使得行为变得迟疑不定、患得患失。有心理学家曾经问一个父亲，如果你不再管你已经上高三的儿子，那会怎么样？这位父亲立即回答说，那他岂不要翻天了?！接着再问，你在他那个年龄有人管吗？回答是：没人管。很显然，这位父亲缺乏对儿子的基本信任。互信本身有点赌博的味道，当然是健康的、无大害的赌博。因为你如果信任了某一个人，实际上就意味着放弃了对他的监视、控制和警惕，而这样做一定是有某种程度的冒险的。那些敢于适度冒险的人，显然心理健康程度要高一些。

人与人之间的互信，从来就是相互的。在我们不信任他人的时候，得到的“回报”也会是不信任。身处互不互信的关系中，没有人会觉得愉快。现代心理学研究发现，一个人要获得足够的幸福感，还是需要在自我与他人两个方面多下功夫。这个过程恰恰就是儒家提倡的“仁”，正所谓仁者爱人。一个人对另一个人做一些爱的行为，相互信任和真诚就是“仁”的体现。这也是成为一个心理和谐的人的过程，内心的和谐就是自我的和谐，许多和谐的自我所组成的即是和谐的心理世界。

互信传递的是尊重，赢得的是民心，托起的是希望，互信是一种正能量。重建互信还需要从传递正能量开始，只有人人相信正能量并积极传递正能量，我们的社会才会更加温暖。

2. 构建和谐社会，需各方发力正能量

社会互信度降低，将深深影响我们的人际关系、幸福指数，甚至生命财产安全。因此，需要我们每一个社会成员共同努力，齐心释放社会正能量，助力于互信，和谐社会的构建。

人无信不立。当“扶不扶”，不要和陌生人说话成为孩子接触社会前的必修课时，我们的教育已然失败，社会互信的建立从此多了一块绊脚石，孩子对社会的冷漠也由此开始形成。因此，当我们叹惋成人社会的失

信与冷漠积重难返时，我们更应该重视对下一代的诚信教育。如果说已变得多疑冷漠的我们还能为诚信社会的建立做些什么的话，那大概就是把“互信”之正能量注入每一个孩童的心灵。

企无信不张。不法企业掺杂使假，以次充好，对经济利益的无节制渴求已经严重危害了社会经济生活中的互信原则。三鹿奶粉、皮革酸奶、毒馒头等种种恶性经营也早已刺破了民众对商人的信任底线。如果放之任之，消费者与经营者的信任关系无法建立，必将在倒逼企业破产的同时瓦解社会信任体系。由此看来，挽救社会信任，需要企业释放正能量，真正做到诚信经营。

国无信不兴。国家在发展，社会在转型。中国已然向“陌生人”社会迈进，道德约束已无法维持互信底线。社会管理人员需调整工作思维，为社会注入一剂正能量，在做好宣传鼓励诚信的同时加强法律威慑与执法力度。若非如此，让诚信者吃亏，不诚信者悠然自得，只会使国民心寒，矛盾加剧，重建互信社会也将沦为空谈。

唯有各方发力，用正能量浇灌每个人心底善良的种子，门不闭户、路不拾遗的互信河山才能完美再现。

建立社会信用体系的挑战与建设意见

全社会诚信是促进市场经济正常运行的生态环境，是构建现代市场经济的基础。在这之中，社会信用体系的建设成为重中之重。下面，我们就来探讨一下有关建立社会信用体系的 3 个问题：社会信用体系的本质和内涵；社会信用体系建设存在的问题；完善中国社会信用体系建设的建议。

1. 社会信用体系的本质和内涵

信用，绝不仅仅是融资、贷款等金融活动要考量的指标。作为国家信用体系，社会信用体系涉及整个社会生活的方方面面。

社会信用是以相对完善的信用法律、法规体系为基础，以建立和完善信用信息共享机制为核心，以信用服务市场的培育和形成为动力，以政府强有力的信用监管作保障的国家治理机制。其核心作用在于，记录社会主体的信用状况，揭示社会主体的信用优劣，警示社会主体的信用风险，并整合全社会力量褒扬诚信、惩戒失信。

事实上，我们正在推进的社会信用体系建设包括政务诚信、商务诚信、社会诚信、司法公信 4 个领域。诚信即诚实守信，是一种道德规范和行为准则，是在社会交往与经济活动中必须遵守的基本精神。信用是对诚信精神与准则的广泛应用，涉及社会活动和经济活动两个层面。在社会活动中，信用主要指社会主体遵守诚信原则，获得他人信任。在经济活动中，信用主要指市场主体遵守诚信精神，守诺践约。守诺践约是市场经济运行的基础。一个人或企业表现其基础素质的诚信度、在社会活动中的合规度、在经济交易中的践约度综合形成其信用资本。诚信和信用在现实生活中已经被融合使用，使用语境不同，但语义基本一致。

2. 社会信用体系建设存在的问题

经过多年的发展，中国社会信用体系建设已取得了不少成就：制定了一些行业性和地方性法律法规；基础设施建设取得一定成就，全国统一的企业和个人征信系统已成功建立，部分行业和地方也建立了信用信息系统，并且部分行业之间实现了信用信息共享；信用服务市场格局初步形成，涌现出了一批信用服务机构，信用产品不断丰富。但总体来看，中国社会信用体系建设尚处于起步阶段，还存在一些比较突出的问题。

（1）法律法规体系建设不健全，尤其是全国性法律法规尚未建立

虽然目前一些行业和地方已制定了相关的信用法律法规，但整体来看，覆盖面有限，全国性的专门的信用法律法规尚未建立。更重要的是，对于信用信息采集与评价、信用信息使用、信用市场监管以及信息主体权益保护等方面尚无明确的法律法规，从而导致信用信息开发程度较低，信用服务机构不能依法对信用信息进行采集和使用，也无法为社会提供有效的信用服务，严重制约了社会信用体系的建设。

（2）缺乏统筹规划

社会信用体系建设虽然得到了党中央、国务院的高度重视，社会各界也已充分认识到社会信用体系建设的重要性和紧迫性，但却缺乏统筹规划，对于建设中的一些基本问题缺乏统一认识，譬如社会信用体系的内涵和外延到底是什么，建立健全社会信用体系的根本目的是什么，社会信用体系到底要建什么，应采取何种模式建设，建设方法和步骤是什么，等等。

（3）基础设施建设不完善，信用信息数据涵盖范围有限，信用信息共享机制尚未建立

社会信用信息涉及金融、经贸、财税、工商、物价、公安、海关、司法、质监、劳动保障、环保和住房等一系列行业，目前中国有一些行业尚未建立信用信息系统，导致部分行业信用信息的缺失。此外，从已建立信

用信息系统的行业来看，除中国人民银行征信中心的“全国统一的企业和个人征信系统”覆盖了所有企业和个人的信贷信息之外，其他行业的信用信息基本只局限于执法信息层面，信用信息数据涵盖范围有限。更为重要的是，信用信息分散在各行业，互相割裂垄断，尚未建立合理有效的信用信息共享机制和共享平台。

（4）信用服务机构规模较小，实力较弱

自20世纪80年代末开始，中国先后成立了一些民营征信机构，一些外资征信机构也开始在中国开展业务。截至目前，中国从事信用评级、信用征集与调查的信用服务机构大约有100家。但总体来看，这些机构规模普遍较小，实力较弱，从事综合性业务的机构较少。

（5）人才培养机制不完善，信用管理人才匮乏

目前，中国信用体系建设已进入实质性推进阶段，对信用管理人才产生了巨大需求。然而中国虽然已经建立了一批征信机构和信用评估机构，但大部分的企业没有自己的信用管理部门，再加上高等院校也较少开设信用管理课程，导致信用管理人才（包括监管人才和市场各参与主体人才）严重匮乏，严重制约了社会信用体系建设。

3. 完善中国社会信用体系建设的建议

加快中国社会信用体系建设，对于构建和谐社会、助推经济发展具有重要的历史意义。因此，应该从以下几个方面入手做好工作：

（1）建立健全法律法规体系

建立完善的信用法律法规是社会信用体系建设的核心。应加快信用立法，建立健全信用法律法规体系。应尽快推出相关法律法规，立法建设也需要注意处理好3个关系：政府行政信息公开与保护国家经济安全的关系，商业秘密与公开信用信息的关系，消费者个人隐私与公开信用信息的关系。

（2）完善监管体系

其一，为了切实履行政府对于信用体系建设所承担的职能，应加强总

体协调与指导，尽快建立各部门分工明确的管理体制，落实相关职能与任务。其二，尽快组建行业协会，制定行业标准，充分发挥行业协会在社会信用体系建设中的自律作用。其三，加大对失信行为信息的披露，建立不良信用信息目录，建立黑名单制度，逐步建立守信激励和失信惩戒机制。

（3）完善信用信息数据库，建立共享机制和共享平台

其一，各行业主管部门应按照国务院职能分工与行政管理的实际情况，根据完善行业信用信息资源的需要，加强统筹规划，编制行业信用信息目录，明确本行业信用信息的范围，并在此基础上，将相关信息资源的收集、整合工作，纳入电子政务建设规划。其二，建立信用信息目录，制定信用信息采集标准，加大政府信息公开力度，鼓励部门间开展信用信息资源共享合作，加强互联互通，整合各行业的信用信息资源，初步建立信用信息共享制度与共享平台。其三，促进地方信用体系建设。一方面，充分调动地方各部门的积极性，探索行之有效的合作路径，形成地方信用体系建设的合力，促进地方信用体系建设快速、高效发展；另一方面，加强与行业信用建设、社会信用体系建设之间的衔接与信用信息共享，避免信用信息封锁和重复建设。其四，通过多种渠道，按照先易后难、分步推进的原则，加强对已取得工商管理部门核发的企业法人营业执照，但尚未与银行发生贷款关系的中小企业（不包括个体工商户）信用信息的征集，完善中小企业信用档案，加快中小企业信用体系建设。其五，加大农村地区信用宣传力度，将推进信用户、信用村、信用乡（镇）创建活动作为加强政银合作，创新和改进农村金融服务，助推农村经济发展的重要举措，以农户信用评价工作为切入点，建立农户信用信息系统，着力加强农村信用体系建设，优化农村金融生态环境。

（4）完善市场体系

其一，坚持以市场为导向，采取多种有效措施大力培育和发展一批具有较高执业水准、种类齐全、功能互补、依法经营、有市场公信力的信用服务机构，依法自主收集、整理和加工信用信息，同时开展多种专业化征信服务，推动信用交易的发展，提高全社会防范信用风险的能力。其二，

推进信用征信产品的市场培育和有效使用。信用征信产品的广泛有效使用是推进信用征信体系建设的重要动力。各有关部门应通过法规和政策来积极引导全社会对信用服务的需求，对一些行业的市场准入要有提供信用产品的特殊要求，逐步推广使用信用征信产品，加快培育征信产品市场。

（5）加大信用管理人才培养力度

信用服务具有智力密集、技术密集、专业化程度高的特点，随着我国社会信用体系建设事业的推进，社会对于信用管理人才的需求也越来越大，因此，应通过在高等院校设置信用管理专业等措施，有针对性地加大信用管理人才的培养力度。未来我国信用管理人才的培训方向至少应该包括两个层面：一个层面是公共信用管理人才；另一个层面是企业信用管理人才。公共信用管理人才主要是社会行政管理，包括信用监管、信用法律和社会学之类；企业信用管理人才包括银行、征信机构和评级机构等所需的高端信用管理人才。

（6）建立健全信用思想教育体系

一方面，加强信用思想教育，统一认识，增强社会信用意识，统一认识，最终形成政务诚信、商务诚信和社会诚信的良好社会信用环境；另一方面，开展专项整治和警示教育活动。为加强社会对失信惩戒的认识，营造“失信为耻”的社会观念，各行业主管部门和地方政府应结合当前市场经济中较为突出的问题，积极开展专项整治和警示教育活动。现阶段可重点在信贷、纳税、合同履约、质量、环保、住房、进出口和食品药品等领域定期或不定期开展专项整治和警示教育活动。

第三章

互信让企业尽享互信资产“红利”

互信带给企业的资产“红利”是多方面的，比如，招聘时的互信，“诚信”是企业吸引人才的金字招牌；招商时的互信，招商之后在互信中助商；引资时的互信，吸引投资，先要建立互信；管理时的互信，建立管理者与员工的互信；营销时的互信，打通潜在客户互信互通“任督”二脉；企业上市时的互信，信用资产是企业上市的重要条件。正是因为有了互信这一无形资产，企业才能够在招聘、招商、引资、管理、营销、上市等各个方面顺风顺水。这也再次证明，只有建立互信，企业才能拥抱未来。

招聘时的互信："诚信"是企业吸引人才的金字招牌

2015年4月，来自广西宜州市职业教育中心的120名学生，在该校老师的带领下，经过近24小时的长途跋涉，来到福清市诚信用工企业——福建捷联电子有限公司开始顶岗实习。分好房间拿到钥匙后，该校学生覃佳圆和5位同学来到宿舍，开始收拾起来。"这里比我们学校的住宿条件还好，住的人也不多，感觉很舒服。各方面条件跟当初承诺的一样，感觉很踏实。"覃佳圆说，他们将在这里开始为期一年的顶岗实习，如果实习过程顺利，毕业后将留下来工作。

福州市于2011年1月发起企业诚信用工承诺活动。目前，全市已有1711家企业与各级公共就业服务机构签订了诚信用工承诺书。每年，福州市人社局在签订诚信用工承诺书满1年的企业中选出30家"诚信用工"企业，为其发放"诚信用工"小牌匾，企业在外出招工时可以摆放在现场。

宜州市职业教育中心的学生就是这样被吸引过来的。2015年春节后，福州市人社局组织一些重点诚信用工企业赴外省参加当地招聘会，其中就有宜州。之后，该校领导和当地劳动部门负责人又在福州方面的安排下，专程来福州实地了解生活、用工环境，最终建议学生来福清就业。宜州市职业教育中心作为校方，最关心的是企业的工作生活环境、福利待遇以及晋升制度等，福州的"诚信用工企业"制度让他们很满意，也很放心。今后，他们还将积极创造条件，进一步加强两地劳务合作交流。

在福建捷联电子有限公司顶岗实习的120名学生一上岗就能拿到工资，一年的顶岗实习后如果考核合格，他们可留下来工作。实习期间也是同工同酬，该有的员工福利他们都同等享受。数据显示，近年来仅宜州市已向福州输送技能人才近万人，其中3000多人在福清就业。

招聘时明确员工工资福利、工作时间、劳动强度、社保参保、食宿提供等情况，到岗后能够信守承诺，不折不扣地兑现，这样的诚信用工制度让福州市的用工企业成了外来务工人员心目中的“香饽饽”。2015年，福州市重点用工企业员工返岗率超过90%，诚信用工企业就更高了，能够帮助企业在人力市场上提高竞争力。通过几年的大力推动，诚信用工已成为福州市企业在中西部地区招工的良好品牌形象。

1. 企业诚信在招聘中的作用

在招聘中，企业要真正做到诚信用工。只有招工时讲诚信，才能用工时不发愁！

企业在招聘到足够多的优秀求职者后，需要从中选出最适合的或者说最优秀的求职者来填补职位上的空缺，这就是现代人力资源管理中选拔的职能。在这一过程中，企业讲究诚信，要为求职者提供真实有效的信息，彻底消除信息不对称，让应聘者明确企业的员工工资福利、工作时间、劳动强度、社保参保、食宿提供等情况；并且在员工到岗后能够信守承诺，不折不扣地兑现。这样的诚实守信会赢得员工的信赖，在合作中也会非常融洽和愉快，其长期效益是显而易见的。

事实上，能够提供招聘岗位真实信息的企业，比那些在招聘中没有提供招聘岗位的真实情况的企业，甚至提供了虚假信息的企业，具有更低的人员流动率和离职率，因而也就具有更低的劳动力获取成本。企业招聘时讲诚信，符合现代社会的合作共赢原则。

2. 招聘活动中招聘方和应聘者的互信博弈分析及对策

在人力资源的招聘活动中，由于存在信息不对称，企业招聘方和应聘者就像是在进行一场博弈。然而经济环境的不断变化使得企业招聘已今非昔比，变得更为复杂。想要从众多应聘者中脱颖而出，应聘者会在筛选中尽可能表现自己的“硬件”和“软件”能力，塑造良好的形象以求录用，这其中不乏一些欺骗、造假的行为发生。招聘中招聘人员的任务是要鉴别应聘者的能力，判断其所答是否属实、是否符合组织的需要，即保证招聘的信度与效度，获得较为优秀的人力资源。由此可以看到，招聘的过程本质上就是招聘方和应聘者双方的博弈过程，然而博弈的结果却让人大跌眼镜，最后的结果却陷入了另一场“博弈困境”。

（1）不完全信息静态条件下的招聘博弈过程

人力资源管理中的招聘过程构成了一个博弈，这个招聘博弈行为包含了以下内容：招聘方与应聘者在不完全信息静态情境下，单个应聘者面对招聘方，其选择有两种，即欺骗和不欺骗；企业的选择也有两种，即相信和不相信。事实上，在这个信息不对称的静态博弈中，无论企业对应聘者信用程度如何判定，应聘者实行欺骗时能获得最大收益。应聘者知道自己的能力、水平，而招聘方不知道应聘者的实际情况。作为应聘者，一般情况下向一个招聘方求职是一次性的。那么他的最好选择是：企业不相信时，应聘者无论欺骗与否都没有损失；而企业相信时，应聘者当然会为利益最大化而采取欺骗。因此，无论招聘方相信还是不相信，作为应聘者来说，选择欺骗的策略比选择不欺骗的策略效用大。但这种均衡无疑鼓励了欺骗的做法，不能使诚信人才得到应有的回报，更不利于人才市场的长期健康发展。所以，企业可以通过一些方法提高自己的甄别能力，来提高对应聘者真正能力素质判断的准确性。

（2）不完全信息动态条件下的招聘博弈过程

在不完全信息的情境下，当应聘者不欺骗的时候，企业的最好选择当然是相信，但这会促进应聘者预计招聘方“相信”，从而采取欺骗策略。企业一旦发觉应聘者有欺骗行为就采取不相信。如果现实生活中有应聘者凭借欺骗的手段获得了好的效果，势必会引起更多的人妄图走此捷径；企业一旦发觉更多的人开始有欺骗行为时就会采取更加谨慎的态度，不会再轻易地相信求职者了。而对企业的不信任加剧，原来一些诚实的应聘者也开始采取欺骗态度，最后导致更多的应聘者采取欺骗，更多应聘者的不诚实反过来又加剧了招聘方对应聘者的不信任，于是就形成了动态博弈后的唯一均衡点，即应聘者欺骗招聘方不相信。

为了避免陷入这种恶性循环，也为了提高自己的招聘效率，企业必须要在招聘过程中投入更大的精力。建议从以下 3 方面做起：

其一，企业在招聘中建立一些制度去约束这种招聘的欺骗行为，如采用合理的试用期制度。如果应聘者估计测试效率很高，而欺骗的惩罚又大，那么欺骗将付出比较大的代价，于是选择诚实。如果应聘者估计测试效率不够高，惩罚也不大，而欺骗成功所得到的收益又足够诱人，那么就会选择欺骗。

其二，可以采取多种测试，尽可能全面地考察应聘者素质。招聘时企业可以尽可能地提高测试效度，如多轮测试，或是请资深的专家进行面试。现实中，确实有企业安排三轮甚至四轮的面试，以能力测试、深度面谈、压力测试、无领导小组测试、群体面试等各种方式来综合考察应聘者。

其三，博弈的双方应该采取合作的态度，在招聘中杜绝欺骗行为的发生，应聘者要真实客观地展示自身条件，企业也应该以真实的意愿去招聘，这样才能实现共赢。

3. 企业与新员工之间心理契约的构建

企业在经营过程中需要诚信，人与人之间的交往也需要诚信。招聘中的诚信也是如此。招聘中的诚信有助于企业与新员工之间心理契约的构建，为企业与员工之间稳定和谐的合作关系打下基础。

在招聘公告中，企业应该提出诚信的要求，使应聘者提供的个人资料如学历证明、个人简历以及推荐信等详尽属实，不能有虚假。但企业在要求求职者诚信的同时，首先自己要做到这一点。因为在员工和组织之间除了雇佣合同外，还存在一种心理契约，而诚信则是心理契约建立的基础。

它虽然不是一种有形的契约，但它确实发挥着一种有形契约的影响。还可以描述为这样一种状态：企业的成长与员工的发展的条件虽然没有通过一纸契约载明（而且因为是动态的也不可能加以载明），但企业与员工却依然能找到决策的各自“焦点”，如同一纸契约加以规范一样，即企业能清楚了解每个员工的发展期望，并满足之；每一位员工也为企业的发展做出全力贡献，因为他们相信企业能实现他们的愿望。心理契约实际上是一种特殊的期望，它虽然是无形的，但又像雇佣合同那样真实存在，发挥着有形契约的作用。一般的雇佣合同只能留住员工的人，而心理契约则能留住员工的心。

企业与员工健康的心理契约关系能够增强凝聚力，使员工献身于企业发展。因此，良好心理契约的建立对企业发展具有非常重要的意义，它是联系员工和组织的心理纽带，也是影响员工态度和行为的重要因素；它会影响到员工的工作绩效、工作满意度、对组织的情感投入以及员工的流动率等。有意识地共建心理契约，是企业减少管理费用、提高管理效率、开发人力资源、实现企业不断创新的保证。

招聘过程是个体与组织初次发生接触的过程，实际上也是企业与未来员工开始建立心理契约的过程。招聘人员应该意识到：招聘工作一开始，就为在求职者和招聘者之间建立一个心理契约埋下了伏笔。招聘前的宣传以及招聘中有关工作情况的介绍，会让求职者对自己未来的工作范围有所了解和期望，这对其日后的工作有重要的影响。这些期望构成雇用双方心理契约的一部分。使双方都感到满意的关键是对未来工作范围的理解保持一致，或者说至少各方对工作的性质具有相似的理解。因此面试过程中，招聘人员应该清楚自己正在给应聘者传递什么信息，同时招聘人员也必须明白应聘者的真实期望是什么，以及组织能够给新员工提供什么。

要避免员工对工作不切实际的期望，组织在进行员工招聘时，最好的办法是实事求是地对工作的现实情况加以介绍。招聘人员应该向应聘者真实地介绍组织现在的结构，劳务合同的主要内容，新员工的工作项目、职责以及工作的具体要求等，让员工对自己的公司有个相对真实的总体印象。我们知道，某些求职者有能力评价自己的工作绩效倾向，并利用这些信息决定是否接受这一工作。因此，可以设计一些方法，给求职者反馈现实的工作信息。提供工作信息的方式是多种多样的，可以是书面材料、音像等形式，最好的方法是让求职者到企业实地参观考察，允许求职者与现职员工进行交谈等，以使求职者对其未来的工作环境和企业状况有一个理性的认识，不至于产生过高的期望。这种提供信息的方法比花费时间与求职者面谈的方式要好些。因为它不仅提供工作信息，还包括了对所期望的职业信息的获取。对组织来说，要想吸引优秀的求职者，就不能过分吹嘘工作的好处和价值，否则，会使人产生低水平的道德感和较高的离职率。向求职者介绍情况时不但要使求职者看到企业的发展前途，更要使其认识到企业现在可能面临的困难，此种做法可能会吓跑一部分求职者，但企业的坦诚却能吸引到真正与企业同舟共济的员工。

现实工作中许多公司的招聘工作，是由人事部门的员工和工作主管组成和负责的，并没有职能部门的人员参与，而人事部门的人员对于新员工未来在职能部门中的工作情况和待遇等可能并不十分了解。他们对求职者所做出的关于工作和待遇的承诺只是根据自己的理解，与实际情况可能并不相符。可是等招聘工作结束，这些招聘人员却与新员工没有什么联系了，似乎一旦把员工招进来就算完成了工作任务。

事实上，新员工接触的第一批组织代表者就是招聘人员，他们在内心深处建立的员工与组织之间的心理契约很大程度上也是依据招聘人员的承诺或暗示而做出的。因此，他们脑海中的心理契约要得到维持必须满足一个前提条件，即招聘人员的承诺或者暗示必须得到切实履行。但由于招聘过程中缺少了职能部门人员的参与，招聘人员所做出的许多承诺都不会被职能部门有关人员意识到，即使意识到了，也可能会产生“那只是其他人做出的承诺，与我无关”之类的想法。这样，当新员工发现其现实工作情况与应聘时招聘人员对其所做出的承诺不一致，而且与其期望相去甚远，就会导致心理失衡，对企业产生不满。他们可能会感到与组织之间的心理契约基础已经被破坏，因此他们会做出对等的消极反应：怠工或者离职，使企业蒙受人工和费用上的损失。因此，企业一定要意识到招聘诚信不只是向应聘者真实地介绍情况，还是双方对各自期望的理解的一致性。在招聘过程中，企业可以建立一个专门负责与新员工保持经常联系并指导新员工的中间层员工，这些中间层员工应该是招聘组成员并全程参加招聘工作的人员，因为只有他们才了解新员工与组织之间的心理契约。

综上所述，无论是企业要求应聘者诚信还是企业自己做到诚信，最终受益的都将是企业与个人双方。招聘企业在求职者面前提高本单位的信息透明度，保障求职者能够获得与用人单位对等的信息，真正享受平等、自愿、协商一致的待遇，这对求职者和企业顺利签订雇佣合同和今后劳动合同的履行，建立稳定和谐的劳动关系是十分必要的。这也是尊重人才的表现，有利于建立组织和员工之间的心理契约。

招商时的互信：招商之后，要看企业在互信中助商

每年的招商展会是企业招商的一个重要事项，但当轰轰烈烈的招商结束之后，如何留商、助商成了更为现实的问题。特别是当下经销商整体可以说是多而不强的现状，加之行业进入门槛不高，使之终端销售参差不齐，而这样的经销商在当下企业有合作意向的经销商群体中占有很大比例。从现实角度出发，企业不仅在招商时要讲究诚信，更重要的是，企业要在招商之后的互信过程中积极助商。

1. 企业诚信在招商中的作用

常言说的“诚”招天下客，以诚信为本，“信以导利”，强调的是“诚”和“信”二字。

诚实互信招商是企业和经销商实现合作共赢的基础，双方必须本着诚实互信的原则。在这个过程中，如果企业只忽悠经销商获取加盟费，那是一种短视且缺乏责任的行为，会导致经销商团队的不稳定。随着越来越多的企业进入同行业，经销商选择企业的范围也是越来越大，要在竞争激烈的市场立足并且做大做强，就应该珍惜每一个经销商，将与经销商的合作建立在诚实守信、真诚相待的基础上，共创双赢局面。

2. 企业如何做到互信助商

司马迁在《史记》里早就告诫人们：“天下熙熙，皆为利来；天下攘

攘，皆为利往。”招商之后如果不能让经销商赚钱，不能让经销商存活，未来企业招商就会周而复始，没有尽头。那么，企业在招商之后如何助商呢？下面给出互信助商五大方式，供各企业参考。

（1）充分沟通，建立互信

俗话说“互信互利”，如果没有互信，互利就很难实现。对于大部分企业来说，在和经销商刚开始合作的时候，一般都未能和经销商建立深度的互信关系。殊不知，合作互信是搞好经销关系的第一道关卡，它对双方合作发展是否顺畅起到了决定性的作用。当然，我们要客观面对这个情况，企业和经销商之间一点疑虑也没有是不可能的，但是这种“疑虑”一定要保持在合适的范围内。比如，企业在招商之前给商家的承诺就一定要兑现，一定要杜绝招商前美好承诺，招商后难以实现的乱承诺现象。如果企业与经销商在开始不能建立营销互信，招商之后很可能就会迎来“离商之痛”。

（2）服务管控，建立共识

不少企业老总都有这样的困惑：经销商除了要政策就是要政策，我们如何服务？其实，强化对经销商的服务是有效和经销商建立营销共识的最佳方法，但各个企业在这个环节执行上遇到了“人才”麻烦。企业的服务人员水准，一般来说可以划分为三个层次：其一，传话筒型。这类服务人员相对经验较少，不知道市场怎么做，产品怎么推，经销商怎么管，得不到经销商的尊敬和重视，往往沦为经销商的搬运工和公司与经销商之间的传话筒，这类服务人员还是舍弃为好。其二，业务型。他们有着比较丰富的业务经验和社会经验，客情关系一般维护得比较好，能帮客户解决一些实际市场问题，发挥的作用也就相对比较大，需要企业重点培养。其三，顾问型。这类业务人员一般都是企业的精英，知识面广、经验丰富、善于总结、思路清晰。不但能帮助经销商做好产品，而且能常常给经销商的生意经营、企业运作提出建设性建议并协助其实施，这类服务人员往往能引领经销商跟着企业思路走，和企业建立营销共识。企业要加强对这类人才的培养，让其成为服务经销商贴心的“小棉袄”，引导经销商和企业步伐统一、思路一致做市场。

(3) 指导培训，提升技能

在企业里往往存在着“招商不易，留商更难”的现象，这就要求企业必须对其进行合理的支持与帮助：定期或不定期地开展经销商培训。当然不能拿行业宽泛的资料来培训经销商，而是要针对本企业产品与服务的特性，针对消费者购买这些产品与服务的心理进行培训，比如销售技巧、客户开发与维护、运营模式及产品卖点提炼、行业趋势引导、行业消费心理、客户服务要点等。只有针对自己企业的状况以及产品精心设计的培训内容，才是最适合经销商的。反之，如果企业培训与服务不到位，一旦市场发生相关问题，经销商就会推三阻四不予解决，久而久之不是你割舍他，就是他们黯然离去。

(4) 谋动终端，科学规划

所谓先谋而后动，对于经销商而言，最终产生销售量的关键还在于对销售模式运营和产品卖点沉淀。除了常规销售外，其他促销也至关重要，这就要求企业要教会经销商做好销售规划，诸如销售计划如何做、销售计划如何分解等，在销售规划里除了规划常规的销售之外，还要适当引入旅游营销、品牌推广甚至是公益营销如何做等。同时把相关文件整理成册，供经销商学习。比如，类似于“销售计划如何制订与实施”“品牌推广如何做”“如何操作公益营销”等实战意义的指导手册，帮助经销商引爆销售，科学规划并完成销售指标。

(5) 品牌拉动，持续推进

随着消费群体对企业营销认知度的提高，特别是近几年品牌竞争激烈，缺乏品牌支撑的传统企业生存空间越来越小。实力强、跻身第一阵营的大企业通过多年市场运作走在了前列。而上万家品牌力较弱、资金实力不强的传统中小企业在新的环境下如何获得更多的营销机会？在移动互联网时代，网络推广和手机搜索营销将成为新生代企业品牌推广的契机。有研究显示，中国的网民已超过4.57亿，日均上网时长达2.73小时，我国的手机用户已超过9亿大关，手机网民达3.03亿，随着4G的逐渐普及，电信资费的逐步降低，手机作为上网工具将更加普及，也更加便捷，围绕手机进行的搜索推广方式将使企业有更大的营销空间。

助商才能助发展。企业与经销之间不能简单地定性为卖和买的关系，双方更是唇亡齿寒的关系，服务的完善、品牌的塑造都需要企业来主导，经销商来参与共同完成，双方才能互惠互利，长远互助发展。当然我们最后提醒，助商是个长期的动态过程，需要企业认真坚持走下去。

引资时的互信：吸引投资，先要建立互信

中国的产业市场，在走出了只要有产品运作就可以“一夜致富”的神话之后，“日薄西山”几乎是每一位老板发自内心的感叹。作为企业，手里捧着自以为是稀世珍宝的产品，心里大多数都是惘然的：我的产品这么好，无论是概念机理、研发技术、生产工艺，还是团队素质，都没有问题，怎么就是吸引不了投资者的目光呢？其实，大多数的融资都是非常耗费时间的，你需要和投资人之间建立长期的互信关系，并且一直保持足够的吸引力。这一点不管对创业公司还是对上市公司都适用。下面，我们就来分析一下创业公司和上市公司应该如何通过建立互信来吸引投资。

1. 企业诚信在引资中的作用

企业诚信，才是吸引投资者的王道！

在引资的工作中，并不是说企业具有真诚的一面，投资者就会主动来找你。但是真诚的附加值很大：一是使双方的沟通顺畅进行，赢得投资者好感，即使是企业和投资者洽谈的项目不适合，投资者也多会被你的诚信所折服，很可能会主动帮你介绍别的客商，这样朋友会越交越多，项目就会一个一个被拿下。二是日久见人心，在长期沟通交流过程中，投资者看到企业言行一致，说到做到，不放空炮，这种可贵的品质就是产生信任的基础，有助于引资项目及早落实。

作为引资者，企业要有一颗包容、理解的心，以积极的态度响应投资者，真心维护每个投资者的利益，抓住每个服务投资者的机会，以真心换真心，就能够吸引投资者的“慧眼”。事实上，成功的引资如果说有什么

诀窍的话，非常重要的一条就是企业对承诺要实打实地兑现。在这方面，几乎可以说企业诚信的价值可以变成钱。因此，企业只有诚信务实，才能在引资过程中有更大的作为。

2. 创业公司如何吸引投资

创业初始，或许你刚刚从投资人那里回来，他们看上去真的很欣赏你，随之而来的是一系列的承诺：给你打电话，使用你的产品，与你的用户谈谈，等等。可是他们真的会信守承诺吗？在很多情况下，虽然投资人可能会表达出良好的意图，但是他们并不打算真的有所行动，除非你是一个抢手的创业者。那么，创业者如何做才能和投资人的关系更进一步呢？以下行动指南，如果仔细体会，有助于互信关系的建立。

（1）和投资人随时保持联系

你需要找到一种礼貌的方式不断地出现在你的 VC（风险投资人）面前。在你们见面之后的第二天就发一封简短的感谢邮件给对方。如果说在与投资人见面后最该采取什么行动，那应该就是发邮件了。如果投资人之前说要试用一下产品，你所发的邮件中就应该提供登录密码；如果投资人说想要和更多的用户谈谈，那你就应该提供详细的联系方式。如果在你们的会面中对方有一些初级职位的人士也出席了，那么给他们单独发邮件不失为一个获得更多人关注的捷径。

（2）表现出进取的姿态

如果你采取了第一步在一两个星期后依然没有音讯，这时候就该实施第二步计划了。向投资人发去一封措辞礼貌的邮件——“我想给您简要地汇报一些关于我们公司的利好消息。”这个邮件旨在表明，虽然离你与投资人会面仅仅过去了两周，但是你仍然有新的好消息可以提供给他。这就是为什么你在首次与投资人会面的时候应该对公司信息有所保留，这样你才能在之后给投资人带去利好消息。这是一种行之有效的推销策略。你这么做仅仅是为了能够持续地吸引投资人的目光。建议你在邮件中还要加上这一句——“我知道您公务繁忙，所以我会在一周后与您再次确认相关事宜。”

（3）向投资人提供帮助

不是人人都有向别人提供帮助这种能力的，但是如果你有，不妨一试。好好回忆一下你和投资人会面的情节，想想投资人那边有没有什么你可以帮上忙的。你是否提到过一个他们想要与之接触的行业高管，你是否知道什么热门的创业公司可以介绍给投资人，你是否有渠道出席即将到来的行业盛会并邀请投资人同去？所以，提供一些必要的帮助是你和投资人之间建立良好关系的好方法。

（4）融资不成也要再接再厉

走到这一步，如果你处于一般的 VC 或者天使融资进程中，可能距离你与投资人会面已经过去了四五个星期。不过如果你知道最好的风投基金在融资进程中通常要花上四五个月，就不会感到那么大的时间压力了。如果你在等候投资人回复的最后关头放弃了融资打算，那就有点得不偿失了，你需要在这方面多下功夫。在这之后你需要创造机会让投资人再见你一次。见面的理由可能来自产品版本的重大更新，正是这个原因，你“想让投资人看看我们的新版本，会觉得这挺有意思的”，你还需要保证不会占用对方超过 30 分钟的时间。其他的理由包括你的公司在这期间赢得了一个大客户，或者是战略上有重大调整之类的。总之，你需要想方设法促成和投资人的第二次会面。

（5）让投资人从其他渠道认识你

如果你想给人留下深刻的印象，这个方法同样适用。投资人需要从多种渠道了解你的信息。这个方法需要很巧妙地运用，不留一丝刻意的痕迹。你要找出哪些人对于投资人是有影响力的，谁是最了解他们的人或者至少是和他们站在同一层次的人。这个传话的人还需要是你认识且信任的人。第三方的证明常常最有效果，而且有越多的人向投资人提起你越好。

（6）让投资人有一种紧迫感

首先，你需要制造出多个对你感兴趣的对象，这个是你不能伪造的，然后再回顾一下第五点。你还需要找到一种方法让还有别人对你感兴趣这一消息传到投资人耳中。如果这些方法都不奏效，你就应该礼貌且巧妙地给 VC 打个电话，不妨这样说："向您汇报一下关于公司的最新近况，有不少企业对我们很感兴趣。不过我们还没有跟任何公司达成投资意向，但是离这一步应该也不远了。我们真的很欣赏您所在的企业，很想知道您还需要我们提供哪些帮助去推动我们之间的合作进程。"

（7）提供额外的加分项

去为 VC 们做一些属于他们分内的工作，你可能会对此感到困惑，但这一点很重要。VC 们不一定充分理解你将会开创多么宏大的事业，那你就为他们做一份市场规模分析报告并送到他们手中。如果投资人担心你的竞争对手众多，那你就写一份 5 页纸的竞争分析 PPT 为他们阐述竞争现状。投资人说他们会从你的客户处听取更多的参考意见，但是却一直没有行动，那你不妨请求你的大客户主动打电话联系投资人。如果投资人不明白你的商业模式，那你就上门亲自向其解说其中细节。VC 和你一样，都是很忙的，许多事情分身乏术。你做得越多，让他们的工作更轻松，就能更快得到肯定的答复。

3. 上市公司与投资者如何建立互信关系

上市公司与投资者之间，如何良性互动才能长久共赢？答案是：努力构建二者之间高度互信的友好关系。为此，上市公司要重点把握好以下 5 个方面：

（1）慷慨回报投资者

上市公司与投资者建立与维系良好关系最核心的一点，就是要慷慨地回报投资者。企业上市后，一定要将投资者利益放在首位，时时刻刻绷紧这根弦，唯有如此，企业才能走得长远。

（2）尽可能多地向投资者分红

慷慨回报投资者的最直接、最有效的办法，是尽可能多地向投资者分红。一般情况下，投资者从上市公司获利的途径主要包括买卖股票的价差和分红。前者容易受市场大环境等多种因素的影响，就像有段时间国内 A

股和港股急剧动荡、两地上市公司普遍受到影响，单个的、再优秀的上市公司岂能置身事外？正所谓"覆巢之下，安有完卵"？而后者即向投资者慷慨分红，则是由上市公司自己决定的。

（3）保持业绩增长

上市公司慷慨分红的基础是要保持企业经营业绩的稳步增长。如果没有利润的稳步增长，高分红将无从谈起。比如，某上市公司之所以敢于高分红并承诺每年两次现金分红，与其业绩持续快速增长直接相关。该公司2011年利润仅1.37亿元；2012年达到2.57亿元，利润增幅84%；2013年利润为3.38亿元，又比上年增长31.5%；2014年该公司利润达到7.55亿元，比2013年增长123%。进入2015年以来，该公司上市红利进一步显现，有媒体根据其每月公布的经营数据，测算出其上半年利润超过13亿元人民币，比去年同期增长4.5倍左右，预计全年利润也将相当可观。这将是该公司连续4年业绩高速增长。

（4）挖掘企业发展潜力

保证企业经营业绩稳步增长，最根本的方法有两个：其一要解决好企业发展的原动力问题；其二要找到企业稳定的盈利模式，即培养自己的核心竞争力。前者的原动力问题有效的方法是做好公司内部的各项制度安排，比如，根据相关政策实施实行员工持股，这个市场化机制将员工利益和企业利益紧紧联系在一起，可以有效解决公司的长期发展动力问题，维护公司股价的稳定。而对于后者，有致力于打造全产业链，形成一个为企业提供全面资本市场服务的全产业链，以加快形成自身的核心竞争力。

（5）将未分配利润由新老股东共享

这一做法会形成一个强大的利润"蓄水池"，保证企业即便在市场不好的极端年份，也可以有效地保证对投资者的高比例现金分红。

管理时的互信：建立管理者与员工的互信

对企业组织来说，信任是基于对某人或者团体的品行、能力、强项和责任感的放心。换句话说，充分信任意味着对某人某事有信心或深信不疑。信任非常重要，没有信任，团队协作便不可能完成，它是一种非常重要的组织要素以及建构关系的特质。

1. 企业诚信在管理中的作用

企业发展需要一个好的外部环境，如果整个社会生活中缺乏诚信，就会增加市场交易的难度和摩擦，干扰市场上的投资、贸易与信贷的正常业务，扭曲资本市场的功能，从而降低人们投资与消费的信心，影响企业的发展，最终给社会经济稳定增长带来巨大损害。同样，企业内部的诚信也很重要，它是企业文化建设的重要内容，可以降低内部的管理成本，增强企业内部的团队凝聚力。加强企业内部的诚信管理，不要让其流于形式，停留在空洞的口号宣传上，对于一个企业的健康发展尤为重要。

随着市场竞争越来越激烈，原材料涨价严重等不利因素，企业要想稳定发展，就必须在企业管理健康运行的基础上想办法赢得竞争。因为竞争推动企业改革，竞争促进企业发展，那么诚信体系对企业发展来说就是原动力。企业将诚信理念根植于员工心中，建立诚信的体系，才能保证消费者满意度和忠诚度达到最大化，增强企业在更加开放的市场竞争中成功应变管理能力；才能使企业有好的领导和有为公司赴汤蹈火的员工，有好的企业管理机制和有好的市场信誉，有大量的客源。所以，建立诚信体系在企业管理中具有极其重要的意义。

2. 管理者如何建立与员工的互信关系

企业组织内重建信任必须从最高层的关键人物开始做起，花费额外精力，以身作则，即使是一个微小的承诺也必须严格遵守，从而重新建立起已经破裂的信任关系。信任应该是一次快乐的心路历程。以下要点，能够帮助企业管理者建立与员工的互信关系，迈出成功的第一步。

（1）利他是互信的立足点

老子说过一句话：“圣人无常心，以百姓之心为心。”这句话也可以这么说：管理者无常心，以属下之心为心。对信任感的形成，影响最大的就是管理者自身的人品和性格倾向。这主要看管理者是否以自我为中心。而对这一点，部下是最敏感的。比如，有的管理者把不喜欢干的工作、烦琐的工作都让部下干，自己只做一些表面文章，习惯于抢部下的功劳，讨上司的欢心，脱离实际地发号施令、瞎指挥……这些都是管理者的大忌。

还有一点，就是看管理者对部下是不是抱有真爱。关爱不仅体现在对部下业务能力的培养上，尤其体现在平日的态度和行为方式上。有关爱的管理者认为，应具备更强的“利他”性格，要能抛开自我，时时处处为部下考虑，为他们的现在、将来考虑，不断培养他们，让其无论到哪里都能成为优秀的人。相反，如果以自我为中心，把部下的功绩当成晋身的手段，这样的管理者势必招来部下反感，自然没资格做一个管理者。

作为企业管理者，不仅要有利他之心，也要从工作的角度做出努力。比如，要允许员工在工作中彼此竞争，但更多的是强调合作共赢。因为当组织内的员工被迫彼此竞争的时候，所有人的信任都将丧失。员工唯一考虑的就是怎样才能成为第一。故此，要给每个人提供赢的机会，促进合作共赢。再如分享信息，分享信息有时意味着公布一些被认为是机密的信息，包括敏感和重要的话题，如竞争者的行动、未来的商业计划和策略、财务数据、行业问题、竞争者的标杆行为、团队行动对组织目标的贡献，以及绩效反馈。给员工更多的信息，意味着向员工传递信任和“我们在一起”的感觉。这能帮助员工从更宽的角度看待组织以及内部各种群体、资源和目标的相互关系。还有就是要建立一个信任的工作环境，首先要展现信任。制定规则、政策和流程来保护组织内大多数需要和应当被信任的员工不受一小股坏势力的影响。其实工作上的利他之举可以想出很多办法，总之是给员工创造更好的环境和条件，这对建立互信无疑是大有帮助的。

（2）激情是互信的催化剂

人都是在激情的作用下才会产生强烈的行动动机。管理者应该先于一般员工，长久地对工作抱有激情。

小张在一家大型温泉旅馆的餐厅工作时，最初什么都不熟悉。一到周末、节假日，来温泉的客人很多，餐具就会周转困难。这时经常会看到一位个子不高的老头和几位基层管理者在早上6点时就出现在洗碗间，将前一天的餐具洗得干干净净。刚开始小张还以为老头是旅馆雇用的临时工，可后来在一次全体大会上小张才惊奇地发现，那位老头原来是这家旅馆的总经理！其实这样的管理者，他们往往都信奉亲力亲为，认为“事非经过不知难”，所以就有意识地通过亲自去“做”一些实际的事情，体验一般员工的工作状态，思考一般员工可能存在的各种各样的问题，从而提出一些有针对性的符合实际的管理方案。

管理不是口头上“管”出来的，而是用行动“做”出来的。他们的这种“做”，不仅包括体验，还包括示范。而这一点做得如何，会直接影响部下对管理者的信任度。因为部下由他们的感受会立刻想到自己的行为，是自然而然地被感化。从“领导力”的角度来说，其中最关键的是言行一致、做好表率。身为管理者，最重要的是必须作为企业愿景和价值的活标本。假如管理者这样却做那样，员工就会质疑他们是否还值得信任了。

管理者的激情还表现在，要经常用一种积极的态度朝前看。面对难题，就一个个地解决，这种姿态本身就会提高部下的信任感。相反，那种在企业里游泳似的到处转转看看的管理者则会失去部下的信赖；而那种常常在上班时间对工作敷衍了事、总是找借口热衷其他事情的管理者，一定会成为被鄙夷的对象。

(3) 公平是互信的根本

管理是一个长期的、严格的甚至令人觉得单调的过程。在这个过程中，要求任何一个管理者都做到完美无缺是不现实的。管理者也是人，也会有这样那样的不足。但有一条是判断一个管理者是否称职的基本标准，那就是看其能否做到公平处事、公私分明，能否公正地处理员工之间和工作中的各种问题。

一是分配工作一定要公正公平。任何岗位的工作从来不固定由某一个人来干，而是轮换着干，要求员工对每个岗位的工作都要掌握。培养人的能力和特长是对每一位员工而言的，不是给个别人的机会，更不是培植亲信的机会。特别是大家都认为不好干的工作，更是应该坚持公平原则。比如打扫洗手间，不必担心会一直让你去做，这次是你，下次一定是别人。

二是管理者应严格区分工作时间和私人时间，严格分清公费和私费，在廉洁方面以身作则。对一个管理者来说，公私不分是最致命的，而无论是要做到公平处事，还是公私分明，都要求管理者内心一定要正直，无论是当着人还是背着人，无论何时何地都能诚心诚意地待人、待己。尤其是自己的“非”，则要坦率地承认并立即改正；如果是别人的错，则要善意而中肯地指出，帮助其尽快改正。对待自己的过失，道歉是一种有效的纠正错误的方法，同时也有利于重建信任来改善关系。现实中很多管理者都习惯于掩饰错误，因为这些错误是不能被接受的。其实，这样的做法倒把问题变得更严重。管理者如果能在自己犯错时勇于承认错误，并不会被视为懦弱，而将被认为是正直的，值得被信赖的。

三是管理者应时常提醒自己：对所有的人和事都应抱有一种谦虚的态度。往往出于自身特殊的位置，管理者有了错而希望别人明确地给你指出来，几乎是一种奢望。尽管迎合你的人不在少数，但忠言相告的人却不会太多，所以管理者要时常进行自我批评。没有自我批评意识的管理者往往随意而行，必然容易招致失败。

(4) 援助是互信的生命线

如何做到援助？需要把握以下 3 点。

一是管理者应时时清楚地把握部下的状况。比如，对什么人会在什么环节上遇到困难等问题，要了然于心。当部下需要后援时，要尽量帮助，想方设法让其成功。这样，管理者的威信就自然产生了。有经验的企业管理者从来都不坐办公室，而是天天深入一线，时时用自己的眼睛来把握一切工作细节。因为他们深知，对那些只会讲空话却不能成为真正后援的管理者，员工是不会口服心服的。

二是对于工作中的风险承担问题，管理者应责无旁贷。比如，在某些工作中让部下独闯难关也无妨，关键是当出现问题时管理者能否成为部下的保护伞。不用说，出了问题就牺牲部下的做法，势必招来员工的不信任。而那些分派了任务就听之任之、只等结果的管理者，看起来很潇洒，实际上绝不是一个好的管理者。一个好的管理者应该能充分地掌握员工的工作进度，精准地预测种种问题，并能准确地判断在各个环节上是该出面援助还是应该让部下独自闯关，从而把握最佳的援助时机和力度。在这个环节上，正面解决问题，有助于树立信用度。正面解决问题，意味着要把问题摊在桌面上，给予员工机会去影响整个过程。当领导者扩大员工的影响圈，员工就更愿意接受最终的结果，因为他们不再感到自己是被控制着的。这将提高信任关系，为领导者树立信用度。

三是管理者要学会感恩。管理者应该思考：是不是部下在帮助我们完成如此繁重的工作？这样的思考能够引导管理者多看部下的长处，少看部下的缺点。事实上，一个常常用七分精力去欣赏部下的长处，而只用三分精力去注意他们的缺点的管理方法是符合实际的，因为一个团队的凝聚力就是这样培养出来的。

综上所述，管理者与员工建立互信关系，是企业管理实践中的一件至关重要的事情。充分的相互信任，靠的是管理者的利他、激情、公平与援助，这是互信的传递，它传递给员工的体验是你信任他，他因此没有了压力，减少了戒备，就会拆除心中的“篱笆墙”，达到相互信任，爆发出极大的工作热情。这样一来，团队相互信任局面就能形成，从而增强团队凝聚力，提高企业效率，达到和谐共赢的目的。

营销时的互信：打通潜在客户互信互通“任督”二脉

互信是营销的基础，同时是营销的目的，这要求管理者在营销活动中，与营销利益相关者建立互信的合作伙伴关系，用真诚去打动顾客。以互信的心态做营销，在营销中建立互信，这种思想贯穿于所有营销活动所涉及的人群中，包括消费者、供应商、分销商、竞争者、政府机构及其他公众，尤其有助于打通潜在客户互信互通“任督”二脉，建立长久的良性互动关系。

美国的一家调查公司做过一次问卷调查，选取相当数量的商业机构的采购主管，向他们询问了一个问题：在电视机的采购中，你最看重的要素是哪一个？答案一是性能价格比，二是最能满足我的要求，三是值得信赖的品牌，四是我曾经用过这个品牌。在这 4 个答案中，只能选择一个最能接受的答案。结果有 35% 的主管选择的是第三个答案，即值得信赖。

1. 企业诚信在营销中的作用

企业市场营销的核心是与消费者发生关系，一个优秀的企业不但能生产出优质产品来满足消费者需求，而且在经营活动中把诚实守信看作唯一的指导思想，只有这样企业才能走得更长更远。中国的市场不需要一夜成名的传奇，也不需要一夜暴富的神化，老老实实、脚踏实地才是企业所追求的。

在市场上，我们经常发现这样一个现象，同一个行业的生意，有的人能把生意做得红红火火，而有的人却不行。这是为什么呢？来自生意竞争中的秘密，就是诚信。一个优秀的企业必须有长远的战略营销思想，品质优良的产品，广告不要浮夸。价格体系更是要以市场为中心，重合同、讲信用、信守承诺。事实上，企业一旦建立起长远的战略目标后，就会视真诚第一，视信誉第一。短视的企业一定是昙花一现，很快就会消失在市场营销的舞台上。

2. 营销人员与潜在客户互信关系及其营销技巧

营销有 4 种力量，也就是营销团队要做 4 件事情：介绍和宣传、挖掘客户需求、建立互信关系、超越客户期望。其中最重要的一点就是要与客户建立互信的关系。因为互信关系是营销人员与客户产生联系的一道桥梁，通过这个桥梁上，能够挖掘客户需求，可以介绍和宣传，一旦这个互信桥梁断了，那么其他的营销活动就无法进行下去了。以下就分别阐释营销人员与潜在客户的互信关系及策略、超越客户的期望及其营销技巧等问题。

（1）营销人员与潜在客户建立互信关系

首先应了解客户的利益和兴趣，如果不能满足客户的利益，不能帮助客户得到想要的东西，建立互信的关系就是一句空话。这里会涉及两种关系：一是客户的个人利益，二是客户的机构利益。这两种利益就如同一个坐标轴，横轴是客户个人的利益，营销人员能够满足客户个人的利益，就可以跟客户个人建立互信的关系；纵轴是客户机构的利益，如果能够满足客户机构的利益，就可以跟客户的机构建立互信的关系。由此我们可以得出营销人员和客户的 4 种关系类型：一是不能满足客户的个人利益，也不能满足客户机构利益的，叫作局外人；二是能满足客户的个人利益，不能满足客户的机构利益的，叫作朋友；三是不能满足客户的个人利益，却能满足客户的机构利益的，称为供应商；四是既能满足客户的个人利益，又能满足客户的机构利益的，称为合作伙伴。

刚刚开始进行营销的时候，营销人员跟客户都是局外人的关系；随着与客户之间关系的加深，会与客户建立互信的关系，可以满足客户个人的利益，但还不能满足客户机构的利益，这时是朋友关系；能够了解客户的需求，推荐性能价格比非常好的产品，让客户的机构得到很好的产品，这个时候的关系是供应商的关系；又和客户建立互信关系，满足客户个人利益，又能提供好产品的时候，和客户的关系就变成了合作伙伴的关系。

营销人员与客户刚接触时，自己的公司与客户是相互了解、相互熟悉的过程。公司与客户最终的目标是成为合作伙伴。营销人员有两条路可以走：一条路是从局外人到朋友、再到供应商，最后到合作伙伴，即先成为朋友，先跟客户个人建立互信关系，然后再成为它的合作伙伴；另一条路是从局外人到供应商、再到朋友，最后到合作伙伴，即先利用产品的性能价格比赢取这个订单，先满足客户机构的利益，再跟客户个人建立互信的关系，然后变成合作伙伴。

这两条路都可以走，但是最好的方法是在营销的过程中，两手都要抓，两手都要硬，这样才能击败竞争对手，取得竞争的优势。

A公司的营销人员与客户同时上下班，每天上午9点与客户同时上班，上班就去拜访客户，下午6点客户下班，营销人员跟着客户下班。

B公司的营销人员不坐班，可以11点起床，中午去公司吃顿饭，下午去拜访客户。而且一定是四五点去拜访，因为这个时候客户刚好就要下班了，下班的时候大家一起去吃顿晚饭，吃完饭到了八九点，大家去茶馆喝喝茶，谈谈心，所以他们的营销时间是从中午12点，到晚上大概10点，然后把客户送回家。

C公司的营销人员要更晚，就在B公司的营销人员把客户送回家的时候，他们正在客户的门口候着。他们大概上午十一二点才起床，到公司已经三四点了，然后打几个电话，晚上请一拨客户去吃饭，再把这个客户送回家。随后他就到更重要客户的家门口等着，等别的营销人员把客户送回家时，这个公司的人再把客户拉出来，吃饭、喝酒、卡拉OK、桑拿，到两点多把客户送回家。

从以上案例可以看出：A 公司白天 8 个小时的营销，是满足客户机构的利益；B 公司是下午和晚上营销，又满足客户机构利益，又满足客户的个人利益，但是两个“方向”又不是特别强；C 公司是从晚上 6 点营销到凌晨 2 点。据了解，戴尔公司是从白天到夜晚分别安排营销人员与客户进行联络，使得客户的机构利益和个人利益同时得到满足，而且两手都抓得很牢，每一项工作做得很扎实，几乎有 80% 的胜利。

为什么除了关注客户机构的利益，还要关注客户个人的利益？这个利益包括客户的喜好、兴趣，因为客户的本质是人，人都愿意和他喜欢的人打交道。如果一见面就让客户产生厌烦，根本就不可能卖出产品。

有资料表明，如果一个客户感到满意的时候，平均会向 4 个人来宣扬好的体验；如果他不满意，平均会告诉 14 ~ 15 个人。换句话说，客户满意之后，就会帮助宣传你的产品，甚至会介绍他的朋友来购买产品；客户感到不满意，如果营销人员能够及时解决他的问题，通常 70% 的客户能够从不满意转换到满意。所以，超越客户期望非常重要，在客户不满意的时候帮助他解决问题让他最终满意，对个人、对公司都是非常重要的。那么，怎么才能够超越客户的期望呢？

一是不要做过高的承诺。如果营销人员为了卖出产品做了更多的承诺，但后来发现实现承诺很难，客户就会觉得不满意。所以，谨慎承诺是超越客户期望的第一个原则。另外，需要注意的是，不管客户的兴趣是什么，把优势都讲出去的做法，更忌讳过分承诺。谨慎承诺的基础在于了解客户的需求，只要针对客户的需求来解释、来建议，就可以避免夸大的过分承诺。

二是积极倾听客户的意见反馈。根据经验，客户使用产品的满意与否就在刚刚使用的时候。喝了一杯酸奶，满意不满意，马上就可以判断出来；买电脑，用一下就知道满意不满意，不会过了一年才发现满意不满意。

三是帮助客户解决问题，超越期望。一般来讲，客户没有 100% 满意的，一定会说出几个他不满意的地方，当客户讲的时候，营销人员一定要非常仔细地倾听，想一下为什么客户会不满意，把它记下来，再想办法在公司内部解决这些问题，然后用公司非常正规的信纸，亲笔写上是怎么帮助客户解决的。所写的内容主要有以下几点：是怎么努力，怎么解决的；现在暂时解决不了，原因是什么，大概什么时候帮助客户解决。写完之后签上字，寄给客户，或者亲手送给客户，客户就会觉得很满意。

四是索取推荐名单。客户满意之时是一个千载难逢的好机会。营销人员付出了很大的代价，让客户满意了，要向客户索要推荐名单。可以这样说：“您既然这么满意，能不能给我推荐一两个您的朋友，或者您的同事，他们可能也会买我们的产品。”据统计，一个满意的老客户，通常可以带过来 4 个新客户，当营销人员建立了客户的满意度，巩固了客户满意度之后，很顺利地就可以索要推荐名单，这样就会创造一个非常强大的推荐堡垒，就可以不断扩展客户群。

戴尔公司的家用电脑部门，以前依赖广告进行营销，到后来有了一些客户之后，就采用超越客户期望的方法让客户满意，然后索要推荐名单，再不断地用同样的方法去营销。到现在，通过老客户带来的订单和通过广告带来的订单，各占 50%，而且他们还在不断地扩大自己的客户满意度，建立新的客户群。由此可见，一个成功的营销人员和一个成功的公司，都要想办法让客户满意，然后再利用满意的老客户来进行营销，所以这也就是超越客户期望的基本概念。

（2）营销技巧

营销是一门基本的商业学科，因此在营销过程中是需要一些技巧的，有效的营销技巧可以大大提高成功率。营销技巧大致分为 3 类，即电子网络传播、整合营销传播和整合品牌推广。其中，电子网络传播具有低成本、宣传强度广、可预测性、互动性、实时性、广泛性等特点，这些都是其他媒体所不具备的。这使得品牌传播不仅可以得到更多消费者的回应，也可以接触到更为广泛的消费者，从而为品牌开辟一条新的传播途径。这种新的网络宣传方式，很容易受到消费者的青睐，对品牌的发展有很大的作用。

网络营销的职能的实现需要通过一种或多种网络营销手段，常用的网络营销方法有搜索引擎营销、电子邮件营销、即时通信营销、BBS（网络论坛）营销、博客营销、播客营销、RSS（订阅新闻）营销、SN（社会化网络）营销、创意广告营销、知识型营销、事件营销、口碑营销等。这些都是网络营销应该掌握的方法。

比如，事件营销，它是通过把握新闻的规律，制造具有新闻价值的事件，并通过具体的操作，让这一新闻事件得以传播，从而达到广告的效果。事件营销是国内外十分流行的一种公关传播与市场推广手段，集新闻效应、广告效应、公共关系、形象传播、客户关系于一体，并为新产品推介、品牌展示创造机会，建立品牌识别和品牌定位，形成一种快速提升品牌知名度与美誉度的营销手段。

再如口碑营销，又称病毒式营销，其核心内容就是能“感染”目标受众的病毒体——事件，病毒体威力的强弱则直接影响营销传播的效果。在今天这个信息爆炸，媒体泛滥的时代，消费者对广告甚至新闻，都具有极强的免疫能力，只有制造新颖的口碑传播内容才能吸引大众的关注与议论。张瑞敏砸冰箱事件在当时是一个引起大众热议的话题，海尔由此获得了广泛的传播与极高的赞誉，可之后又传出其他企业类似的行为，就几乎没人再关注，因为大家只对新奇、偶发、第一次发生的事情感兴趣，所以，口碑营销的内容要新颖奇特。

总之，诚信营销对企业来说具有重要意义，因此，营销人员要诚实守信并努力建立与客户的互信关系。在建立互信关系的过程中，要兼顾客户的个人利益和机构利益，两手抓两手都要硬，以谨慎承诺、倾听反馈、超越期望、索取推荐名单的原则巩固老客户，让客户帮助，以提高业绩，就可以与潜在客户建立互信互通关系，实现成功营销。当然，还要采取一些营销技巧，以提高挖掘潜在客户的成功率。

企业上市时的互信：信用资产是企业上市的重要条件

上市公司的资产包括两类，一是有形资产，如银行存款、货币资产、有价证券、房产和生产工具等固定资产；二是无形资产，如公司信用、各类专利权等。其中的信用资产作为企业一项重要的无形资产，在企业发展和竞争中的作用日益凸显。

企业信用资产是企业由于守信、信守承诺、按时偿还款项等所形成的一种资源。它是一种无形资产，源于企业的整体经营能力（资信能力）。企业信用资产可以降低企业的融资成本，更方便企业融资，以至于成为企业上市的重要条件。

1. 企业信用在上市中的作用

我们所讨论的上市公司信用是指上市公司在证券市场上的信用，因而可以称之为“上市信用”。在上市过程中，企业上市信用已经成为主管部门的一个重要考量因素，尤其是对中小企业而言，信用所起的重要作用更是显而易见的。

比如，信用融资助力中小企业加速资金周转，改善财务报表。对于准备上市的中小企业而言，出色的财务报表对于各方利益相关者的信心起着非常重要的作用。合理优化财务报表结构就成了企业财务管理的一项重要事务。而应收账款是在流动资产中关注度比较高的项目，即使没有发生风险，应收账款项目金额过大也会被人们理解为企业运行存在不确定性。通过“信用+银行融资/买断”模式（应收账款做信用，就是相对安全的资产，银行可以放心地为企业提供以应收账款为抵押的贷款），企业一方面可以规避人民币升值风险，加速资金周转；另一方面将应收账款转化为经营性现金流，提前确认收入，从而改善财务报表，提高投资价值，稳定未来投资者信心。

再如，信用助力中小企业开拓新项目发展，保障“募投”安全。中小企业通过上市募集的资金一定要用于企业新的项目或者已有业务的改进项目。而这些项目涉及上市企业未来的经营风险，因而关系到广大投资者的投资利益，不管是在发审委审核阶段，还是审核后企业股票促销履行阶段，都会受到广大投资者的密切关注。因此在企业上市的申请中，发审委会重点关注与辨别募投项目在产品注册、经营资质上的合规风险，募投项目与现有生产规模和技术水平是否相适应的匹配风险，还有项目投资后的效益风险。如果这些“募投”的项目已投保信用（例如投资保险，中长期信用等），将会大大提升“募投”项目安全，提高上市通过率。

又如，信用助力中小企业完善审计内容，提供信管证明。中小企业在准备上市的过程中，很多材料需要经过审计，审计内容是否完整甚至关系到中小企业能否成功上市。因此，对于企业信用业务的审计也应作为一项重要审计项目列入审计计划中，这将成为一份沉甸甸的信用风险管理证明。同时，信用作为给予企业提供信用管理的第三方，还可以接受中介机构的直接咨询，并对具体问题做第三方说明、反馈和佐证。例如，在准备上市的后期，中介机构就需要信用机构对于被保险人的投保情况和主要买方的资信情况提供总结性的说明和资信报告证明。这些都是有助于公司上市的重要资料之一。

在准备上市的工作中，企业利用信用不仅可以保证其日常贸易的安全，还可以完善企业内部控制制度，规避上市过程中的部分难题。当然，上述所列只是其中的一部分，但这也足见企业信用在上市中的作用。

2. 上市公司信用的特有性质

信用以信任为基础，所以，人们对于信任在商事活动中的地位和作用，一直给予很高的评价，认为商业本身也要依靠人与人之间的相互信任，依靠诺言和合同的诚实守信。如果没有这种信任，没有人们对实现自己的期待的信任心，人们便不可能建立起信用关系。上市公司在证券市场上的信用同样如此。它的信用如何，也必然表现在社会公众对它的信任上，加之上市公司在证券市场上的行为基本上是证券的发行与交易，因而上市公司的信用不可避免地表现为人们对特定的上市公司股票的信任度。

上市公司的信用是与证券交易的信用性质分不开的。股票的交易，包括其发行、上市，虽不一定伴随其借贷、担保，但就其交易的目的性而言，它仍是一种信用交易，即一方支付给对方一定的金钱，包括股款、股份转让价款，该支付方在未来的一定期限得到一定的回报，包括股东分配利益、证券市场价差利益。与一般信用交易的不同之处是，这种回报的多少不是当事人承诺的，而是一种风险利益。相比之下，上市公司在证券市场上的信用，大多表现为上市公司是否愿意和在多大程度上为股票持有者（包括股票的原始取得者和股票的继受取得者）提供一种期待。这种期待，最终表现为给股票持有人或通过证券市场取得差价利益或取得较高的股息、红利。

那么，如何把握上市公司愿意和在多大程度上为股票持有者提供上述期待呢？从根本上说，应视上市公司在证券市场上所表现的诚实态度与其持续、快速发展的事实而判断。

（1）上市公司应有其运行所必要的独立的财产

这种财产应严格地与股东的财产特别是控制股东的财产相互分离，它一方面用于持续地高效率地经营；另一方面为清偿债务提供物质基础。尤其需要强调的是，公司财产中的净资产有着更加特殊的意义。如果一个公司的财产都是借贷形成的，那将意味着公司持续经营的自由受到限制。由于债权优于股权，经营所得过多地用于偿还债务，股东受益的希望渺茫，利益分配的期待很难成为现实。因此，必须突出净资产在上市公司信用中的地位。公司财产中的另一个因素是公司不断产生的净现金流量，任何时候在确定公司股票的价值时都会涉及对公司剩余期限中的净现金流量的评估。

（2）上市公司应有良好的发展前景

对于一般商事交易中的信用，或许不必对此加以强调。但对于上市公司的“上市信用”则不容忽视。我们不能要求上市公司保证每个股东获得多少分配利益，也不能要求上市公司对社会公众投资者的投资回报作出十分具体的承诺。但是，上市公司为争取良好的发展前景做出实实在在的努力，则是上市公司的“上市信用”应有之意。所谓做出“实实在在的努力”，包括持续采用新技术，不断降低成本。因为这些对于实现人们对上市公司的期待有着紧密的联系。

（3）上市公司应积极地对待诉讼

包括认真地对待进入法院和仲裁庭的涉本公司诉讼，依法正当地行使权力。上市公司是一个商事主体，也是一个社会组织，其经营不可避免地要与其他民商事主体发生各种社会关系，也很难不产生各种纠纷，因而进入法院和仲裁庭解决这些纠纷是很自然的事情。上市公司积极对待诉讼，就是积极地参与诉讼过程或仲裁过程，运用法律保护自己的合法权益。如果一个上市公司不珍惜自己的权益，在诉讼中怠于行使权力，本应积极保护的利益也白白丢掉，那它就不可能将股东、社会公众投资者的利益放在应有的地位，更不可能为实现它们的利益而努力奋斗。所以，上市公司如何对待诉讼，是上市公司“上市信用”的应有之意。

（4）上市公司应积极地实现自己的承诺

如上所述，不能要求上市公司对每个股东获得多少分配利益和社会公众投资者投资的回报做出十分具体的承诺，但上市公司在存续中还是不断地做出了各种承诺，譬如招股说明书、上市报告书等的承诺。一旦承诺，应积极兑现。凡经过努力而仍不能实践其承诺的，应坦诚地向相关公众做出说明。这是上市公司愿意为投资者提供期待的一种表示。

上市公司的上述信用是和证券市场上的信用互动的。证券市场是风险最大的市场，也是网络化程度最高的市场，加之它的发展使人们的经济活动彻底冲破了地域限制，因此，熟人社会维系人与人之间关系的机制很难再发挥有效的作用，需要良好的信用维系人们之间的关系。没有人们之间良好的信用基础，证券市场不可能维持，上市公司也难以存在和发展。无疑，证券市场的信用也依赖于上市公司的信用，没有上市公司的信用，不可能有证券市场的信用。当然，证券市场的发展不仅靠上市公司，还依赖于多个主体，如证券交易所、证券公司、证券中介机构、证券业协会等，并且这些主体又都与上市公司有着紧密的联系。从这个意义上说，它们之间的信用也都是互动的。

3. 完善的上市公司治理是上市公司信用的根基

（1）提升上市公司信用必须完善公司治理

就一般意义而言，公司治理结构的改革应强调：其一，实效性。改革的重点应更强调其有效运作，实现其设立公司组织机构的目的。必须使公司的运营实现公司利益，进而实现所有股东的利益，但同时不得侵害利害相关者的利益。其二，严格的监督。国内外的实践表明，监督不仅依赖于健全的组织和应有的权力，更依赖于实现权力的手段的设定。其三，高效率。公司组织的运营应能对市场的变化作出迅速的反应，应能迅速化解经营中的风险。但就中国上市公司现状而言，必须十分重视"一股独大"和股权结构集中给公司治理带来的问题。完善董事会和健全监督机制，都必须着眼于这一点。

（2）控制股东履行诚信义务是建立上市公司信用的根本保证

控制股东的诚信义务，是指控制股东在行使其权利时，除了考虑自己利益之外，还负有认真考虑其他股东利益和公司利益的义务。控制股东承担义务首先是权利义务相一致原则的体现，即当某一主体对其他主体享有权力（或者在效果上相当于权力的权利）时，应当要求权力（权利）的享有者对该主体承担一定的责任，以便对权力所有者进行一定的控制，防止其滥用权力，保护弱势者的合法权益，维护社会公正。控制股东承担诚信义务还在于它作为特定主体的特定法律地位。由于控制股东对公司的操纵，它实际上已处于董事的地位，成为公司的"事实董事"。就此而言，它当然应承担如董事一样的诚信义务。

(3) 强化董事的义务、责任是提升上市公司信用的核心

实践和理论都表明，完善董事会是公司治理结构的重心，而作为董事会成员的董事则是公司行为承担者和执行者，董事履行义务是公司治理的核心，也是公司信用的关键。董事必须履行法律规定的信息披露义务，发行人负有责任的董事对不实陈述应承担连带责任，上市公司董事会全体成员必须保证重大信息的及时披露，保证信息披露真实、准确、完整，没有虚假、严重误导性陈述或重大遗漏，并保证就其承担个别或连带责任。董事必须承担不进行内幕交易的义务，从事内幕交易的董事应承担内幕交易的民事责任。相应地，应允许内幕交易的受害者通过民事诉讼程序，向内幕交易者请求损害赔偿。

(4) 健全公司内部多层次监督机制是上市公司信用的保障

有效的监督是公司治理的关键之一，也是上市公司信用的重要保障。公司的监督可分为内部监督和外部监督。而内部监督是从公司内部治理角度的监督。从我国现行的公司治理模式看，公司监督的重点是对董事失信行为的监督，也就是围绕对董事失信行为的监督，在公司内部建立多层次的监督机制，包括董事会内部监督、股东会和监事会监督。

4. 信息是建立上市公司信用机制的神经

在上市公司信用中，一个不容忽视的重要资源是信息。实践表明，无论是上市公司良好的信用，还是上市公司信用缺失，都与信息有着千丝万缕的联系。而信用的缺失总是伴随着信息的不对称而产生，信用状况的下降与信息的不完全同步发展。

(1) 信息对信用的作用

其一，信息可以表述和记载评价意义的信用。在交易和投资等经济活动中，了解对方的信用状况、确定自己将要承担的风险程度，是一个谨慎、正常的商人所必须要做的。其二，信息有着对信用的监督机制。信息的公开可以监督、促进上市公司提高信用、增强整个市场的信用度。为此，应要求信息服务机构讲信用，保证所提供信息的客观性和真实性。因

为，只有及时、真实、准确的信息才能反映信用的原貌。

（2）信用评价对信息的需求

对信用发生作用的信息是商业活动中发生的信息，应具有以下特点：其一，具有可传播性，这是信息充分性实现的条件。可传播的信息不再具有独占性，从而也导致因稀缺性所具有的经济价值的损失，代之而来的是公众使用价值的产生。无疑，可传播的公共信息是信用评价的重要因素。其二，具有可识别性。只有信息具有可识别性，才能提供社会公众做出恰当的具有归属意义的判断。而信息的可识别性不仅依赖于信息的充分，还依赖于信息的表述便于相关公众群体理解。其三，具有价值，亦称为信息的有效性。哪些信息对于信用评价最有意义呢？通常人们认为，只有分析并理解的信息才是有价值的。没有分析和理解的数据与信息是毫无价值的。当然，这里的价值不意味着一定是经济价值。可以被人们用以做出判断的，也是一种不可忽视的价值。

总之，上市公司的“上市信用”是一个颇复杂的话题，上述讨论是粗线条的，不做大的展开，仅具有点题的意义。但这足以说明上市公司的信用有着不可忽视的意义，同时也说明了本章主题“互信让企业尽享互信资产‘红利’”的又一方面。

第四章

做人做事背后的互信能力考量

做人做事是一门艺术，更是一门学问，反映了一个人建立互信能力的高低。随着现代社会互信适用范围的扩大，互信作为增进了解、建立合作、实现共赢的前提，愈加被人们所重视，而人的互信能力也格外重要。人际关系是人在社会中的最基本的需求，是我们接触最多的一个现实存在。因此在现实中，互信能力体现在如何建立人与人之间的互信关系，人际交往中的将心比心、互相欣赏、控制性格的能力，以及注重从细节处建立互信的能力等多方面。

现代社会扩大了互信适用范围

当今世界，互信合作、共创双赢是主流，而互信作为增进了解、建立合作、实现共赢的前提，愈加被人们所重视。随着互信理论研究越来越深入，互信与合作实践越来越频繁，人们对互信的认识逐步提高，互信的适用范围也越来越广泛。不难发现，现实中讲究互信的领域有很多，如企业互信、网络互信、人际互信、师生互信、邻里互信、家族互信、夫妻互信、医患互信、政府互信、两国互信、两军互信、政党互信、民族互信，等等。在当今电商大发展的环境下，我们不妨重点谈一谈电商网站的信任度这一问题。

说到电商我们不能越过马云。马云创业之初就有人质疑他是骗子，一直到现在仍有这样的声音。殊不知，马云对中国电子商务最大的贡献就是创造了一个互信的交易环境。从淘宝逆袭电商大鳄易趣的战例就能看出“信”字的重要。2003 年淘宝创立之初，面对兵强马壮挟洋自重的易趣，阿里充分认识到虚拟交易风险，开发了第三方支付宝平台——可以收到货再付款，风险全额赔付。支付宝起到了监督监管作用，从系统上制约了商户“一锤子”买卖的不讲信用行为。淘宝在运营中也将商户诚信纳入奖罚制度中，直接与线上企业、商户的利益紧密联系。这说明在中国建立一套简单明了，最终无须依靠警察或监管当局介入的系统是非常必要的。2005 年，在交易额上淘宝已经超过了易趣。马云构建的电子商务互信，用一句精准的话说就是“商道酬信”，此可以作为点拨商界的指路明灯。

1. 用户的信任度是电商的核心竞争力之一

用户的信任不仅仅可以帮助电商生存下去，还可以给电商带来丰厚的回报，成为电商的核心竞争力之一。例如，哪怕京东可能会比淘宝卖家贵一些，但是很多人还是选择京东，因为他们相信京东卖的肯定是正品行货。从电商运营指标的角度来看，提升信任度，是提升电商网站转化率的核心。

当用户感觉对一个网站缺乏信任时，对于在线商铺最基本的影响是网站转化率的降低。典型的电子商务网站只有2% ~3%的转化率，这意味着每1000个网上店铺的访客，970 ~980个人没有做采购行为就离开了。这是巨大的机会成本——97% ~98%的潜在买家没有采购就离开了一个商家的店铺。虽然用户不购买存在很多种理由（比如没有找到合适的产品、价格不合适、糟糕的用户体验等），一个关键原因正是用户信任的缺失。

如果在线商铺能够提升访问者的信任感，哪怕只有那么一点点，即意味着每1000个访问者里，增加一个人发生了采购行为，这将对商铺的销售额与利润产生极大的影响。而且，提升电商网站转化率可以摊薄流量成本，在平均每用户收入不变的情况下，可以大幅提升净利润。比如，本来你需要花100元才引入10个访问者，10个访问者中有9个人不信任网站流失了，最终只有1个人产生了交易，给你带来200元的收入，这样最终的净利润是100元。

但是，如果我们从10个访问者中多争取一个人的信任，成功转化一个成交，那么人均的广告成本就只有50元了。这样在成本不变的基础上，通过提升用户信任，净利润就提升了50%。提升信任度，也是提升客单价的关键。现实生活中，关系越“铁”的朋友，可以借到的钱也越多。对于电商来说，也是如此。越是赢得用户信任的商家，用户更愿意在每笔订单上花更多的钱。道理非常简单，用户对于电商信任度越高，在交易中就更愿意花更多的钱，冒更大的风险。

2. 提升用户信任度的七大关键要素

如今，很多新兴电商平台如雨后春笋般出现，比如LemonStand、Shopify，还有Squarespace，等等。很多人都涌入到这一领域，建设自己的“店面”。但是问题也随之而来，线上商店的数量的确在增加，但是线上欺诈事件也随之增多，所以对于那些刚刚成立的线上商店来说，究竟是否值得用户信任呢？为了你的网站经得起“信任测试”，下面七大关键要素值得你关注。

（1）网页速度

不管你是否相信，在用户的电脑上，必须要能够快速打开你线上商店网页，这点是非常重要的。如果你的页面加载时间过长，那么网站跳出率（所谓网站跳出率，是指有多少人会在访问你网站的第一个页面之后就选择离开）也会变得更高，同时用户的信任度也会大打折扣。某互联网营销代理公司发现，如果你的页面加载时间能够加快一秒，那么网页页面价值就会提升 8%。

（2）网页设计

网页设计可以创造用户体验，也会让用户体验有所突破。糟糕的用户体验会导致用户对你的网站失去信任，也会影响用户转换率（把访客变成客户）。Veena Parboteeah 博士是东新墨西哥大学信息系统专业的助理教授，他表示：“之前有研究发现，所有视觉设计维度，对于用户感知有用性、享受感、满意度，以及行为态度都十分重要，这其中就包括了图像，所有显示物（比如合理使用有吸引力的字体，正确地使用颜色），以及架构（比如导航、搜索功能、有效链接、网站易于访问）。”换句话说，使用正确的颜色、字体，还有导航结构，这些在用户感知网络信任的时候都会起到非常重要的作用。

（3）隐私政策

用户十分在意你会如何收集并使用他们的个人信息，因此你的隐私政策必须要说清楚自己准备如何收集和使用用户信息。对于自己的隐私政策必须要尽可能的透明，这点是相当重要的。此外，你尤其要考虑下面几个问题：你的网站会使用 cookies 吗？（小型文本文件，指某些网站为了辨别用户身份而储存在用户本地终端上的数据）你会向第三方、附属公司，或是其他公司销售任何个人信息吗？你如何收集信息？你的网站会追踪用户所处的地理位置吗？用户可以选择加入或退出吗？

（4）社交媒体影响

在信任这个问题上，社交媒体有着极强的影响力。Khalid Aldiri 是布拉德福德大学的一名教授，他之前做过一项研究发现，对于一家尚不为人熟知的电子商务网站来说，如果在社交媒体上使用面部照片或视频剪辑可以让用户产生最初的信任度。此外，许多专家学者也发现，电子商务网站的社交媒体应用的可用性（比如支持用户点赞、转发微博或是分享）越强，用户的信任度和忠诚度也就会越高，同时也会提升用户的感知有用性和购买商品的意向。

（5）消费信任度

消费信任度是指你的用户是否会足够信任你的网站。你可以查看自己网站上的用户评论、客户评价，以及客户反馈，并从这些信息中权衡或追踪用户信任度。要知道，亚马逊网站之所以获得如此高的消费信任度，就是因为他们构建的内部评论系统，网站允许用户看到其他人对产品的看法。你可以要求用户在网站上、社交媒体上，甚至可以通过电子邮件给予评论和反馈，鼓励他们发出自己的声音。

（6）公司信息

公司信息是构建线上信任度最重要的要素之一。你可以想想自己在线上购物时的体验，如果有一家电商网站，上面没有联系信息，没有“关于我们”，也没有退货、退税或快递信息，你会信任他们吗？建议下面这些信息必须要罗列在你的网站上面：“关于我们”页面；联系信息（包括手机、电子邮件、地址等）；高管和管理团队介绍；授权许可（如果可以的话）；所获荣誉；公司历史（公司创建时间、公司使命等）。

（7）第三方安全认证

第三方安全包括在你网站上的信任认证标识和安装运行的杀毒软件。如果你的网站上有权威机构提供的安全信任标识，那么可以大大提高转换率。这些标识可以告诉你的潜在用户，你的网站已经通过了审核，而且是一个值得信任的网站。当然在此需要提醒你的一点是，获得第三方安全认证的价格不菲。如果你的预算不多，不妨看看其他认证资源。比如，有的服务可以为用户提供任何网站线上信任的 360 度评估，而且他们的分析报告完全免费，所需时间也非常少。

对于电子商务网站，信任是一种整体感觉，贯穿于用户整个购买过程，从用户进入网站到最终离开，即在用户的每个行为意图产生时，呈现给他适合的元素。信任度是一个整体客户体验，信任度建设也是一个整体，要求公司全体相关人员参与，通过售前售中服务来赢得客人信任，产生购买；客人交易后，业务运营人员就应该去实现网站的承诺。信任度建设是长期的过程，既要让客人感觉到信任，也要实际上可信任，否则就是骗子或奸商。

人与人之间如何建立互信关系

公元前4世纪，在意大利有一个叫皮斯阿司的年轻人触犯了国王犹奥尼索司，要被处死，但是他想去与母亲相见，国王允许了，但皮斯阿司必须找一个人替他坐牢，如果皮斯阿司不回来，那个人就代替他死。结果他的好友达蒙愿意代替他坐牢，所有人都笑达蒙傻，但达蒙却完全信任皮斯阿司。在行刑日，达蒙被押赴刑场，皮斯阿司并没有回来，但达蒙仍然坚信，他会回来的。最终，在临刑前的一刻，皮斯阿司在淋漓的风雨中飞奔而来，他高喊："我回来了，我回来了！"国王深受感动，他钦佩这个优秀的子民，最终赦免了皮斯阿司。

正是信任，达蒙对皮斯阿司的信任，才挽救了皮斯阿司。一个人能被他人信任是一种幸福，他人在绝望时想起你，相信你会给予拯救更是一种幸福。由此可见信任是多么的重要！

1. 人与人之间如何建立起互信

人与人之间最美好的一种关系是互信，当然彼此间的互信，不是一朝一夕就能够建立起来的，是需要时间的，是经过很多风风雨雨之后，积淀下来的一种安全感、踏实感，至少彼此要有一种默契。那么，人与人之间如何取得互信？

（1）谨慎择友

正如世界上没有两片完全一样的树叶，人与人在许多方面都会存在差异。外观上，有健全人和残疾人；内在的，有性格的巨大差异。所以，在“孔孟之道”里面叙述的信任，只是对等的人之间的信任，“君子之交淡如水”，只有君子之间，才会有理想化的互信。君子与小人、常人这三者如何建立起互相的信任呢？小人在于贪图名利，常人知足，君子求心性修为、志向高远，这三者之间的交往，就如三个不同层次的人的交往。同等的人，最能结交为朋友，君子之间的交往，小人之间的惺惺相惜，常人之间的无利交往。这三者之间，其实最稳固的是君子之间的交往；最不稳固的就是小人之交，因为小人之间交往本身就因为互相的不信任导致双方各怀鬼胎，很多时候，他们是利益共同体也是利益的争夺者，双方的信任，其实只是为了共同利益而生，共同利益没有了，他们的信任也随之终结。

（2）守信用、讲诚信、重承诺

孔子曰：“与朋友交，言而有信。”在交朋友的时候，一定要守信用、讲诚信、重承诺。

秦朝末年，楚国有一个叫季布的人，个性耿直，而且非常讲信用，只要他答应的事，就一定会努力做到，因而受到许多人的称赞，大家都很尊敬他。他曾经在项羽的军中当过将领，而且率兵多次打败刘邦，所以当刘邦建立汉朝，当上皇帝的时候，便下令捉拿季布，并且宣布：凡是抓到季布的人，赐黄金千两，藏匿他的人则遭到灭门三族的惩罚。可是，季布为人正直而且时常行侠仗义，所以大家都想保护他。起初季布躲在好友的家中，过了一段时间，捉拿他的风声更紧了，他的朋友就把他的头发剃光，把他化装成奴隶和几十个家童一起卖给了鲁国的朱家当劳工。朱家主人很欣赏季布，于是专程去洛阳请刘邦的好朋友汝阴侯滕公向刘邦说情，希望能撤销追杀季布的通缉令，后来刘邦果真赦免了季布，而且还给了他一个官职。

诚信是人与人沟通和交往的桥梁，季布通过真诚待人交到了真朋友，反之，虚假情意在面对真正困难时将不堪一击。

（3）坚持“欲取先予”的原则

现代社会，很容易给人一个错觉：这个人对我很好，很关心我，我应该相信他。果真如此吗？当你考虑到切身利益的时候，或许就已经改变看法了。男人贪图女人的容貌，所以男人付出金钱，换来女人的身体；女人贪图异性的金钱，所以付出身体。若只是以商品经济的角度来看，等物交换就平淡无奇了，但是，这却是双方缺乏互信现象的典型表现之一。所以，信任之中主要因素还是以真和善为本，诚信，以诚换诚，以真换真。说白了，还是“欲取先予”的原则，多为他人着想与付出，你会得到更多人的信任，几乎没有人会拒绝别人对他的真心，几乎没有人不会给真心和善意对他的人信任，功利心不能过重，适当控制自己的欲望，朋友自然会乐意信任你，其实反过来他们也间接给了你更多的自信。

（4）多理解别人

人与人之间总是有一定的距离，这不是实际的距离，而是彼此的心灵的距离。人要想得到别人的理解支持，就要让别人了解你。有的人总是埋怨别人而不检讨自己，总希望别人理解自己而不去理解别人，总习惯从自己的主观判断出发为人处世而忽略别人的价值判断，总喜欢根据自己的经验来指导别人而不顾及别人的心理感受，这样是不会得到别人理解的。接受别人就是换位思考，站在别人的立场去考虑问题，善于从对方的角度和处境认知对方的观念、体会对方的情感、发现对方处理问题的个性方式，实现知己知彼，达到感情上的共鸣。承认别人的长处，善于发现和调整自己的短处，就是豁达。一个善于沟通的人周围一定有很多的朋友，他也一定是一个值得信赖的朋友。

（5）多关爱别人

人人都需要朋友，希望得到关爱，这是人的正常需求，如果你希望在生活和工作中与他人愉快相处，并得到他人的尊敬和信赖，就不要忽视他人在日常生活中所遇到的困难，并尽可能给予帮助。在小事上能够帮助别人的人，才会在大事上表现出非凡的气概，得到人们的尊敬和赞誉，别人才愿意与之结交。

（6）当别人犯错时不能袖手旁观

每个人为人行事虽然各异，但其内涵却始终不变，那就是要真诚而又恭敬地对待他人。积极为他人指点迷津，不仅体现了一种对他人负责的态度，而且显示了一个人的交际美德。在我们的生活中，当别人犯错时，我们不能袖手旁观，而应该及时、主动地给别人指出来，帮助他们改正和提高。时刻想他人之所想、急他人之所急的处世态度和行为，极大地温暖了别人，也使他得到别人的尊敬。我们每个人都需要温暖，温暖越多，人与人之间才能相互信任，有了信任，人与人之间才能坦诚交流、真诚面对，社会才会越来越美好、越来越和谐。

2. 人与人之间如何做到与人相知

建立互信要做到相知，与人相处贵在相知，尤其“勿以己之长，而显人之短”，彼此要互相尊重、互相成就，要懂得欣赏他人的优点，能够“观德莫观失”，才能结交朋友。人际相处，与人相知，需要做到以下几点：

（1）对贤能者服之以德

面对贤能的人，我们不可以用权势、金钱、名位来取悦他，而是要以良好的品性、德行与之交往。就如荀子所云：“君子易知而难狎。”因为贤能的人虽然易于亲近，但是如果你的态度轻浮、邪佞，则难以令贤者看重你，所以对贤能的人，要服之以德。

（2）对乖张者驭之以术

面对一些生性嚣张、猖狂、傲慢的人，要如何与他相处呢？要驭之以术！也就是要有方法。就如同驯马师要调服顽劣的马，一定要先懂得它的性情，再依它的特性来调御。有时候顺着它的心意，有时候要适时地控制它的方向。待人也是如此，不能一味地打骂责备，而是要先让对方感受到你对他的尊重，并且要倾听他的声音，适时给予劝告。采用合适的对话方法，才能让他心服口服。

（3）对朴拙者赋之以专

面对生性比较迟钝、朴实，甚至笨拙的人，我们要怎么办呢？《三国志》云："贵其所长，忘其所短。"也就是说，用人要"知人善任"，对于他的缺点要包容，而善于利用他的长处，并且给他因缘好好发挥。也就是说，对于能力较差的人，应视其能力，交代给他能完成的事，再从旁教导他做事的方法，让他有信心独立完成。因此我们对待朴拙者，要赋之以专，以融其心境。

（4）对顽劣者教之以方

对顽劣、不受教、下劣者，我们不能把他开除，也不能不用他，而是要用方法让他接受你。例如，用佛的慈爱怜悯他，让他因受到关心而软化彼此的对立；用鼓励待他，让他因受到赞美而对自己产生信心；或者用威力来降服他，让他受到威迫而跟随你。所以对顽劣者，要教之以方。

如果真的爱，就去相信对方，这点需要双方以爱为基础的承诺与彼此信任。如果人人都秉承爱的良知和诚信正气做事，谁会是不可信任的人呢？

人际交往需将心比心和互相欣赏

将心比心、互相欣赏是考量一个人互信能力的重要指标，也是建立人与人之间互信所必需的两个重要方面。做到这两点，有助于打造和谐的人际关系。下面，分别详加阐释并给出建议。

1. 将心比心

人际交往中什么最重要？心最重要，用心交往是最重要的。将心比心是与人为善的思考方式和行为方式。善良包含着克己、为人、真诚、尊重、理解、宽容、奉献、正直、勇敢等多方面的美德。归结起来，善良就是一颗真诚广博的爱心。爱心是一份情感，一种责任。它需要启迪、激活、熏陶和培养。爱心有时是惊天动地的，但更多的时候则包含于点点滴滴的真情实意之中。一次得力的救助，一句关切的问候，一次适时的看望，一个及时的电话，一个亲切的微笑，一次碰撞后的谦让，一次跌倒后的搀扶，这些都是爱心的体现。

将心比心，要求你用心来看对方的心，还必须看对方最需要什么。

一把沉重的铁锁挂在门上，有一个人拿着一根铁棒去敲打它，但不管如何用力都打不开。这时另一个人来了，他拿出一把小小的钥匙，往锁孔里一放，“咔嚓”一声，锁就开了。等别人都走了，迷惑不解的铁棒问小钥匙：“为什么我用那么大的力气都打不开的锁，你轻轻一下就可以打开呢？”小钥匙的回答是：“因为我懂得它的心。”

是啊，人与人之间的交往永远如此。“懂得它的心”，多么简单的字眼，却蕴含了无比深刻的含义。

“老吾老以及人之老，幼吾幼以及人之幼。”将心比心其实很简单，它像苹果落地那样自然。它虽是一种看不到、摸不着的精神上的东西，但却真真切切地温暖了每个人的心。

（1）己所不欲勿施于人

这就是说，自己都不乐意干的事情不要强迫别人去干。当然，“己所欲也不一定要施于人”，比如你喜欢喝咖啡，别人不一定喜欢喝咖啡。所以将心比心要做到换位思考，是把我的心放到你的身上，站在别人的立场和角度去看问题。

（2）情绪管理

我们自己的情绪是对外在环境变化的一种反应，对方又可能由于我们的情绪而有所反映。任由自己情绪的自然流露有时候很好，有时候会带来很糟糕的负面影响。适当控制自己的情绪，当想发脾气的时候，提醒自己要冷静一下，事态的发展将完全不一样。

（3）不逾矩

每个人都有自己的私密空间，没到那个份上不谈私密空间的话题。就像有的人爱玩，只要不影响到别人就不该干涉。

总之，将心比心就是换位思考，就是设身处地地为别人着想，了解对方的文化心理与社会成长背景。同时还要在充满自信的前提下，以开放的心态跟人交往，这是我们成功的人际交往过程中最重要的因素。只有这样，才能叩开人际交往的大门。

2. 互相欣赏

希望得到别人的赞美是人的一种心理需要。事实上，每个人都有值得赞美之处。赞美要诚心诚意、实事求是，而阿谀奉承只能让人觉得虚伪。真诚的赞美是温暖的阳光：真诚的赞美是一种促使人不断完善的美好的途径。如果你需要指出别人的过失，赞美也不失为一种巧妙迂回的方法。用赞美去温暖别人的心灵，你也会感受到别人给你的温暖。赞美他人应该是真心实意的。

欣赏，是审美能力的体现，也是积极的人生态度的体现。欣赏他人，就是怀着愉悦的心态，去发现、感受和吸纳他人所表现出来的优美和可爱之处，在别人身上发现美好。欣赏他人，是一种取之不尽的人生财富。当我们学会发现、接受和喜爱别人身上的闪光之处，心中就仿佛燃起了源源不断的热情的薪火，它能使心灵保持积极和愉悦，减少自私和抱怨，让生活充满乐趣和希望，这是世俗的名声和金钱所不能给的。

人与人之间互相欣赏，可以感到幸福，享受快乐。诸葛亮可以说是才子，照理说才子应该配佳人，可是传说他的妻子却很丑陋，但是却很有才华，诸葛亮所造的木牛流马便是她所授。诸葛亮并没有去挑剔她的相貌，他欣赏的是她的才华。《巴黎圣母院》里的卡西莫多是丑陋的，然而他却深入了许多读者的心。没有人在意他的相貌，我们欣赏的是他正直和善良，还有他为爱而奉献的伟大精神。即使是一只渺小的蚂蚁，它也能扛起超出其体重数倍甚至数十倍的物体；即使是一片枯黄的落叶，它也能在微风里舞动起优美的舞姿；即使你再怎样微不足道，在芸芸众生之中也有一份唯我独美的光芒。正如佛家所说："一沙一世界，一树一菩提。"

也许要真正地用欣赏的眼光去看人或物并不容易，我们难免会被自己的感情所左右，它会蒙蔽我们的眼睛。我们也许会因为和朋友的争执，而忘记去欣赏他的优点，而此时你眼里的朋友是那么的自私，那么的无情；我们也许会因为和亲人的矛盾，而忘记他们对自己的关怀和照料，此刻的亲人在你的心里是那么的遥远。如果我们换一种心态，换一种眼光，可能就会发现朋友的那些话实际上是对你的忠告，亲人与你的意见不同，是出于对你的关心。所以要学会欣赏，就不能让感情的云雾蒙住你的眼睛。

(1) 要有欣赏他人的正确态度

子曰："三人行，必有我师焉，择其善者而从之，其不善者而改之。"这就是正确的欣赏态度。在欣赏的态度方面，尤其要杜绝嫉妒心理，学会欣赏身边的人，一方面是为了自我不断提升的需要，取长补短；另一方面是为了和身边的人处好关系，因为每个人都打心眼里希望得到别人的认同。

(2) 做一个值得别人欣赏的人

有品位和素养的人，就是一个值得别人欣赏的人。包括懂得尊重和理解别人；真诚面对每一个人；懂得欣赏与关注；幽默的谈吐默默的情怀；宽容面对每个人；感性与理性同在；有共同的爱好；生活有品位与情趣；有责任感。

总之，欣赏，是一种理解和沟通，也包含了信任和肯定；欣赏，也是一种激励和引导，可以使人扬长避短，更健康地成长和进步。人与人之间，在相互欣赏之中，才能建立彼此的互信！

控制性格，成就互信共赢新局面

有句话叫“性格决定命运”，很多人把这句话奉为真理。正所谓不辩不明！其实，从感性上来看，这句话给人一种认命的无力感；从理性上来看，这句话只是说出了一种现象，并没有道明本质。如果性格决定命运，那么又是什么决定性格呢？如果说你都不知道是什么决定性格，又怎么能轻易地下结论说性格决定命运呢？究竟是性格决定命运还是自己已经认命？

事实上，对于一个没有独立思考能力和哪怕一点点批判精神的人来说，性格的成因主要受环境的摆布，而对于一个有独立思考能力和批判精神的人来说，性格多由思想来控制。因此，性格决定命运现象的深层原因其实就是环境和思想。说白了，只有控制性格才能决定命运，控制得当则命运多顺，控制不当则命途多舛。

1. 自我控制的内涵

自制力也就是自我控制。自我控制就是自我行为判断后进行的理性行为，这种理性的判断和执行就构成自我控制力。它是一个人对自身心理与行为的主动掌握，是人所特有的一种特殊的活动。人的活动就其针对性而言有两种：一种是针对客观世界的，人通过各种物质工具与技术手段改造客观世界，从而达到控制客观世界的目的，物质工具及技术手段越高级，人对客观世界的控制水平就越高；另一种则是针对主观世界的，人对主观世界的控制则是运用记号乃至词、语言这些精神工具，通过自我意识而达到控制自身心理和行为的目的。

心理学家指出，知觉到的自我控制，也就是自制力，对个人的行为乃至人生都存在着极其重要的影响。如自制力较强的人，在面对困难时，会通过意志力压抑自己想要放弃的念头，坚持勇敢面对问题，这样，他们会比那些自制力弱的人更容易成功。

克制冲动的自制力，也被认为是成功所应具备的一种行为能力。生活中，很容易出现各种误解，若是不及时消除误会，而是采取极端行为，就会造成冲突。自制的人往往能够抑制自己的冲动，表现出更积极的处理问题的态度，而自制力不足的人却往往会使矛盾激化。

自我控制是一个人良好性格的重要指标之一。一个人如果不善于自控，则意味着不能有效地发动、支配自己或抑制自己激情、控制自己的冲动，对未来的成长过程有害无益。很多人由于不能控制自己的激情和冲动行为或失去理智，或犯罪堕落甚至危及生命。

2. 自我控制的思想修养

一位美国商人从事的是一种很烦人的工作，于是他习惯在进餐前喝几杯葡萄酒，放松心情。但酒和累人的工作又使得他常常一喝完酒就呼呼大睡。这位商人意识到自己是借酒消愁，浪费光阴。于是他决定把时间用在工作上，不再喝酒。刚开始不习惯，总有冲动想去喝，但他一想到自己戒酒只会是得大于失，就马上放弃了喝酒的念头。后来的事实证明，他喝酒越少，工作的干劲也就越大。

事实证明，自我控制是可以靠后天修养的。比如，要克服懒惰、消极、逃避、贪婪的缺点等，而这一切都是由思想决定的，性格说到底是由思想来控制的，这就要求在思想上要高调。如何做到思想高调？不妨尝试以下方法。

（1）给自己一个希望

不论你遇到了多揪心的挫折，都应当以坚持不懈的信心和毅力，感动自己、感动他人，把自己锤炼成一个做大事的人。别让借口“吃掉”你的希望，无论什么时候都不要为自己寻找借口，只有尽职尽责，勇往直前，不找借口，才能实现理想，创造辉煌人生。一个人有希望，再加上坚韧不拔的决心，就会产生创造的能力；一个人有希望，再加上持之以恒的努力，就会达到目的。

（2）保持向上的激情

我们需要激情，需要开拓，让我们从现在做起，兢兢业业，开拓创新，扎扎实实做好本职工作，在平凡的工作中燃烧激情。还要学会自己鼓励自己，带着激情鼓励自己。能自己鼓励自己的人就算不是一个成功者，但绝对不会是一个失败者。激情还要永远保持好心情，突破困境的方法，首先在于要肃清胸中快乐和成功的仇敌，其次要集中思想，坚定意识。只有运用正确的思想，并抱定坚定的态度，才能从逆境中突围。有了激情，就能把额外的工作视作机遇，就能把陌生人变成朋友，就能真诚地宽容别人。有了激情，就能充分利用余暇时间来完成自己的兴趣爱好。有了激情，就会抛弃怨恨，变得心胸宽广。有了激情，就会战胜困难，取得成功。

（3）自信是高调做事的秘诀

信心对于做事成功者具有重要意义，成功的欲望是创造和拥有财富的源泉。人一旦有了这种欲望，并经由自我暗示和潜意识的激发后形成一种自信心，这种自信心就会转化成一种“积极的感情”，它能帮助人们释放出无穷的热情、智慧和精力，进而帮助人们获得财富与事业上的巨大成就。

（4）成功需要付出代价

从古到今，凡成事者，成大事者，莫不受尽磨难，在磨难中完成自我教育，如此也水到渠成地成就了事业。只有摒弃懒惰，积极进取的人，才能不断成功，不断取得好成绩。抱定任何都不放弃的信念，即使在一片懊悔或叹息、宽容或指责的氛围中也要坚持。是的，任何时候都不要放弃，无论条件多么困难，只要能坚持到底，成功就一定属于你。

（5）激发自己的潜能

倘若你和一般失败者面谈，你就会发现，他们之所以失败，是因为他们从来不曾走进足以激发人、鼓励人的环境中，是因为他们的潜能从来不曾被激发，是因为他们没有力量从不良的环境中振作。

（6）百折不挠

在生活中，有的人被挫折打倒，有的人却把挫折当成垫脚石，不断前进。事实上，当巨大的压力、非常的变故和重大的责任压在一个人身上时，隐伏在他生命最深处的种种能力，才会突然涌现出来，使他成就大业。因此，不要畏惧压力和困苦。行走于人生丛林中的每个人都应该记住，如果你正在遭受困苦，这并不完全是件坏事，“天将降大任于斯人也，必先苦其心志，劳其筋骨，饿其体肤，空乏其身，行拂乱其所为”。因为老天要把重任交给你，必先磨炼和考验你！如果一个人敢于直面困境，积极主动寻求解决问题的办法，能在任何不利的环境中始终充满热情，坚定对生活的信念，那么他迟早会成功。

总之，自我控制水平的高低是与一个人的个性品质与自身锻炼密切联系的。培养良好的自我控制能力，把握自己的性格，不管是在工作中还是在人际交往中，都可以赢得别人的信任，进而和大家一起携手共创一个双赢的新局面！

建立互信还需从细节处“调养”

有一个网友陪妻子到某医院看病，号也挂了，诊断也做了，买药时却发现，处方笺出错了，妻子成了“男性”，人也由28岁变成了“20岁”。院方的回应是，电脑医疗办公系统默认性别为男性，医生一时疏忽。

医院方面该解释的解释了，该道歉的道歉了，但此事让大家议论不断。诚然，此次事件，当事医生除了一时疏忽把患者性别和年龄弄错外，处方笺还是正确的。对于这名医生的疏忽，我们大可不必锱铢必较，上升到医德的高度去批判他，但是善意的提醒还是有必要的，因为在医患关系紧张的当下，医生任何一点疏忽都有可能成为压垮骆驼的最后一根稻草。从某个角度上说，一些细节问题，对于医患双方互信的伤害，并不亚于“医德医风”这些看起来更大的因素。

其实，医患互信需从细节“调养”，人际互信何尝不是如此呢！在人际交往中，某人在西服上别了一个小小的胸饰，如果你发现后及时地称道，说不定会因为这点小事而使他对你异常好感；一贯对你冷漠的某人突然对你笑脸相待，这也许是你们改善关系的一个良好开端……不要小瞧了这些交际细节，它往往是不费吹灰之力便可取得交际成功的良好机遇，进而建立起互信关系。

1. 赞美他人的“得意小作”

陈新第一次坐柳师傅开的轿车。当时正值上下班高峰，路上交通拥挤，但柳师傅开的车稳而不慢。这时，陈新开口说道：“柳师傅，你在这样的情况下还能开得这么快，真不简单，真有办法！”这句衷心赞美之辞，使柳师傅非常高兴。因为他确实驾驶技术高超，尤其对在繁华道路上如何行驶更有自己的独到之处，在陈新坐他的车以前从未有人这么夸奖过他。这件事情过去10多年了，柳师傅对当时的情景还念念不忘，并且时常夸奖陈新有眼光。

小处可做大文章。用心去挖掘和赞美他人的“得意小作”吧，别看其小，其实在小处做大了，也是一项了不起的交际功夫，并且这项功夫并没有多少人掌握。如果你有了这套功夫，便能够使你在平地里硬是筑起一座互相信任的人缘大厦。

2. 记住他人的“随意话语”

一天，小张高高兴兴地给老尹送去一大包味道香美的腌制香椿。送时小张说：“我刚从老家回来，把以前答应送你的家乡特产捎来给您。”经小张这么一说，老尹才恍然想起，半年前两人一起喝酒时，小张曾说过“我们家乡特产腌香椿，味道棒极了”，而老尹当时接着开玩笑说：“既然这样，等你回老家探亲的时候也给我捎一包吧！”实际上，这只是他的一句玩笑话，说完也就忘了。到了现在，小张郑重其事地把腌制香椿送来了，老尹便感动得不得了，两人间的心理距离随即大大缩短了。

“废金矿”也能提炼出亮灿灿的黄金来！留意并记住他人的随意话语吧，它实际上是“一堆金矿石”，如果开采得当，“人缘黄金”会使你无比富有。

3. 做点他人的“意外小事”

宋扬在他刚刚当选某市市长时，他在人代会上发表了精彩的就职演说，引起了阵阵掌声。一位人大代表前去向他祝贺。宋扬说：“对，大家一共鼓了18次掌。”这位代表立刻跑去核对会议记录，确实没错，宋扬市长说的数字非常准确。显然，宋扬在演说的同时，仔细记下了会场上鼓掌的次数。因为这事，与会代表还有知情的市民对这位新来的市长投以钦佩的目光。人们想到，如此精明的市长既然连这小小细节都注意到了，还会有什么对这座城市有益的东西会落在市长的视野之外呢？相信这样的市长必然能够把他的炯炯目光投注到每一个市民的欢乐与痛苦上，相信宋扬必定能够带领广大市民走向辉煌。

一位哲人说过：任何细枝末节都具有特别重要的意义。既然这样，就做点他人的意外小事吧，这是对自身形象进行精雕细琢的重要举措，人们会因此对你惊叹和赞赏。

4. 关注他人的“细微变化”

姑娘晓芳对男友庞海非常陶醉，令她特别满意的是庞海有注意微小事物的眼光。比如，她从美发厅出来，梳着一个新发型，庞海会兴致勃勃地欣赏一番；昨天晚上没睡好，庞海在今天会一眼看出她脸上所带的倦容，并且关照一番；晓芳衣服上别了一个小小的饰品，庞海定会询问一下。由于庞海都在注视着她的变化，因此晓芳感到十分满足。庞海在小处所做的文章效果远胜过金钱所起的作用。

不只男女之间，任何两个人如果不用提示，马上就能发现对方的微小变化，并且真诚道出，这样的话，他们之间的感情肯定非常融洽。所以，人们万不可在交际对象身上粗心大意，应处处留心对方的芝麻小事。

5. 修饰自己的“交际细节”

有一位售货员非常受顾客的欢迎，经她手卖出的商品要比其他售货员多得多。为什么会这样呢？原来她特别注重修饰交际细节。比如，人家要买一千克左右巧克力，她总是抓0.9千克左右上秤，然后再一粒一粒地添，直至足秤为止。不像其他的营业员，先抓超过一千克的东西上秤，再残酷地一点一点地往外拿……显然，这位优秀售货员的做法令人感到愉快。再比如，当顾客帮着她抱送商品时，她一定说一声“谢谢”。因为帮她拿商品，对顾客来说是可干也可不干的，而干了就是一种支持，因此，及时表达谢意是有必要的。她不像其他的售货员那样对此视若无睹。因此，她获得了极大成功，不但奖金多，而且还获得了所在城市劳动模范的荣誉称号。

修饰此类的交际细节，就是润滑每日生活的齿轮，从而使你事事顺意；就是给你插上腾飞的翅膀，从而助你成功。修饰你的交际细节，就是锦上添花。

6. 不图回报地“悄悄做好事”

有一位美国青年，曾从深井中救出一个小女孩，得到女孩父母的深深感激和众人的钦佩。遗憾的是，从此以后，他无论走到哪里都希望人们知道他的这一善行。随着岁月流逝，人们将这事渐渐淡忘了，他却念念不忘，越来越无法忍受人们如此对待他这样一个救人英雄，最后不得不选择了自杀。

维吾尔族传说中最聪明的人阿凡提曾经说过：人家对你做的好事，你要永远记住；你对人家做的好事，你要立即忘记。这位美国青年若能领会到阿凡提的名言，这个悲剧或许就能避免。我们为他人做好事的行为本质上是很好的，但是要记住：我们只是为了通过自己善良的行动为他人创造美好生活，而不是为了让别人知道“我有恩于你”。实际上，你做好事的同时，你善良的本性已经使你感觉愉快——你仁爱的意义即在于此，所以千万别图回报。既然要付出，就单纯地付出，不图回报，这就是为什么要提倡“悄悄地为他人做点好事”。试着去真心真意地帮助别人，而在你为别人做好事的同时，你的“善行”也被他人看在眼里，无形当中你为自己立下了良好的口碑，小小的好事就能有助于你建立互信，决胜于人际。

第五章

第三方诚信监督机制的建立

企业诚信评价是一项要求很高的工作，而引入第三方机构实施评价，则有助于突破当前企业诚信迷局，但同时必须具备诸多条件，如企业要建立诚信档案，以便于第三方监督，第三方在征信工作中也需遵循诚信的原则和基本流程等。无论是企业建立诚信档案还是第三方进行企业诚信监督及征信工作，大数据都在其中发挥着必要的作用，因此，在信息采集过程中要打破诚信数据困局，建立起企业诚信信息基础数据库并保证其正常运作。总之，要建立起诚信评价市场强有力的质量管控机制。

企业口碑管理和舆情风险防范

近年来，互联网的快速发展为企业的发展提供了良好的机遇，特别是网络口碑营销在企业市场中发挥的作用日益凸显，成为企业品牌竞争的必选利器之一。然而，网络也是把双刃剑，它成就了品牌，同时也会中伤甚至毁灭品牌。突发事件在短时间内引起舆论热议，形成舆情危机，就会给企业正常的经营活动造成很大的影响，重者毁灭一个品牌。如何进行口碑管理，防范舆情危机风险，成为当下众多企业正在面临的一个重要课题。

1. 网络口碑监测——企业品牌发展利器

当前，由于网民结构呈现年龄低、学历低和收入低的“三低”状态，同时网络制度管理不完善，这就导致网络舆论在发展过程中存在很多问题。如信息的虚假娱乐化，受众观点意见的情绪不理性化，信息海量导致对真实信息的辨别能力降低以及盲目跟风，这些不良的因素都成为引发企业网络品牌危机的助推器。每次企业舆情危机事件，除了自身企业管理存在问题之外，更重要的是由于企业网络危机管理意识薄弱，对网络舆情危机预警缺失造成。因缺乏网络口碑监测意识，企业无法了解自身的网络舆情环境，当出现负信息初期无法及时监测化解，一旦负面信息因为某个触发点发酵升级为负面舆情时，品牌危机就由此而生。所以在这种情况下，利用软件系统进行网络舆情口碑监测成为许多企业实施网络品牌维护的选择。

要想实施准确全面及时的网络口碑监测，掌握网络舆情动态，就需要功能强大的信息采集和舆情监测系统。诚盾档案将自己定位为网络档案的管理者，口碑诚信的守护者，致力于帮助用户决策事情，帮助全球用户决策事情。为此，诚盾档案开启对外测试业务，采取 ZRP 零风险推广模式，并推出了“授信营销”“突破营销困境”等创新项目，为企业提供信任营销服务，赢得了人们的好评。

2. 三步打造网络舆情监测体系

第一步，企业必须将网络舆情监测作为一项日常性的工作，而不是应对突发性危机的临时举措。对网络舆情尤其是负面舆情的监测预警与控制是舆情监测的主要目的，实现有效化解网络舆论危机，包括监测、预警、应对 3 个环节。在监测环节，有关人员对系统及时采集网络舆情的内容、走势、特征等方面进行密切关注，将最新情况及时反映给有关部门。在预警环节，对内容进行判断和归纳，对这些正在形成、有可能产生更大范围影响的舆论进行筛选，为接下来可能发生的网络舆情走向做好各种应对准备。在应对环节，当网络舆情变为现实的网络舆情危机事件后，有关部门要迅速采取具体行动，化解危机、消除不良影响。这 3 个环节有机组合，从整体上构成了网络舆情联动预警机制。

第二步，锁定网络舆情监测的主要渠道，力求能够以最便捷的方式迅速获得与企业相关的舆情信息。对于行业类网站及专业性网站的舆情监测来说，最为重要的是掌握行业信息动态、竞争对手动态，以及相关意见领袖，如行业专家等对企业或行业的看法及态度。

第三步，细分网络舆情监测的信息内容，对相关舆情信息进行分类监测，并根据实际情况对信息的分类标准及数量进行适时的调整。除了需要将企业名称加上产品质量、服务品质、经营业绩等常规因素作为关键词之外，还需结合实际情况对相关舆情进行更多的分类监测。

3. 四步建立网络舆情管理机制

第一步，建立组织保障机制。网络舆情和网络信息安全工作一样，都应实行属地管理和一把手负责制，采取“谁运营谁负责、谁主管谁负责、谁使用谁负责”的办法实行责任追究制。要在进一步提高认识的基础上，把网络舆情信息工作纳入宣传思想工作总体安排，精心部署，狠抓落实。要制定各种规章制度规范网络行为，要明确一位领导同志具体分管网络舆情信息工作，同时确定一名同志为舆情信息员负责网络舆情的日常监测，每天或每周按部门对网络舆情进行分类整理，针对各部门的情况，提供简单的舆情监测分析报告，及时向各职能部门进行反馈。

第二步，建立技术保障机制。网络技术手段是实现网络舆论管理的一个有效措施，常用的网络技术手段包括对IP地址的监测、跟踪、封杀；网管的全天候值班监测，对负面消息进行及时清除；运用智能型软件进行敏感词组的自动过滤；对论坛发帖的延时审查及发布；对国外敏感网站浏览的限制；论坛、博客、播客实行实名认证制度等。各网站和互联网运营商要严格按照国家有关互联网信息安全的相关法律法规建立技术保障措施，确保网络信息安全。

第三步，建立日常网络信息发布机制。“互联网让每一个人都变成了信息的发布者，而且可以不经过审查。”一位传媒研究者称，“一方面，这可以让信息更加公开透明；另一方面，由于鱼龙混杂，你无法分辨它的真假。而对那些年轻的网民来说，情绪非常容易被煽动。”正是如此，网站一定要严把信息发布关，建立网络信息发布的审核制度，规范信息审核流程，实行专人负责。网站开办的BBS论坛、博客、播客等交互栏目，必须实行“实名注册”并落实专人管理，严格执行先审后贴制度。

第四步，网络舆情引导机制。网络舆情引导就是对监测到的网络舆情动向，通过网络信息评论员进行网络舆论导向，发挥“舆论领袖”的积极作用，对日常舆情进行引导。一方面，可以开展即时性评论，及时跟帖批驳反面声音；另一方面，可以通过发帖、跟帖发表引导性评论，发布正面观点。根据传播学规律，“舆论领袖”在影响受众的态度方面作用明显，尤其当网络出现海量信息时，网民往往会无所适从，这时候他们更需要权威的“舆论领袖”的声音作为自身决策的依据。在正面引导的同时，要严格审核有关信息，对恶意信息立即删除，对情绪偏激的帖子作缓冲处理。在把关中，切忌简单粗暴地删帖，要注重运用动之以情、晓之以理的引导艺术，使网民产生理性和情感上的认同与共鸣，从而形成网上正面言论强势。

以上所有工作如果企业限于自身条件限制无法完成，可以借助类似于“舆情中心”的合法组织和机构，最终实现更好地管理企业口碑和公众形象。比如，除了上面介绍的诚盾档案，以帮助了解和掌握网络媒体及网民对自己企业的评价和口碑，及时洞悉舆情危机的苗头，最终实现更好地管理企业口碑和公众形象。

第三方监督突破企业诚信迷局

网络诈骗、虚报价格、售后服务不到位等商贸流通领域所暴露出的行业病，近几年正有愈演愈烈的趋势。如何建立相对完善的诚信投诉、监督体系，对企业进行诚信认证和诚信评级，如何提高企业的诚信度，已成为整个行业迫在眉睫的问题。

专家认为，中国目前的经济是以市场为主体，市场在资源配置中起基础性作用。在市场竞争环境下，企业间全凭自觉来保证自身产品的质量。但是，一旦出现为争夺市场而引发的“拼价格、降质量、欺骗消费者”行为，则势必会影响整个市场发展环境。“正是因为诚信建设体系不完善，市场监管措施无法跟进，并且监管所需成本过高，才导致恶性竞争出现。”因此，建立健全中国市场经济的监管体系，应加大诚信建设力度、引入第三方诚信监督机构进行管理。一些发达国家的实践也证明，第三方诚信评价及诚信监督工作能有效遏制诈骗现象的发生。资格审查可防止不法商家、网站混入市场，通过诚信评价也能让消费者在交易前对交易对象的履约能力及交易风险有清晰的了解，极大地降低被骗概率。

1. 第三方诚信评价及其机构

企业诚信评估体系，就是企业委托专业的第三方征信机构，根据统一制定的诚信管理原则，以评估企业诚信的相关标准化规定为依据，采用合理化的进程和科学严谨的方法，对评估企业进行调查、审核及评定，将所有评估事项进行比较和综合分析，最后用简单而直观的等级和分数表示结果，公布给社会大众的过程。完善企业诚信评估体系的目的在于，让社会大众更简单明了的知道受评企业的诚信状况，起到评判、监督作用。

在企业诚信评估体系中，评估工作主要由第三方企业征信服务机构完成。要完善诚信体系就必须建立起第三方企业征信服务机构，这是维护市场经济秩序的大前提，也是为规范企业诚信中介服务机构做好铺垫。作为企业诚信体系建设的一个重点，可以说，第三方企业征信服务机构的地位关系到整个社会诚信体系能否真正建立，尤其在企业诚信评估工作中，第三方企业征信服务机构占主导地位。

第三方机构，是指独立的非政府的第三方的服务机构。说它是独立，主要强调，独立责任，责任分离。也就是说它自已独立承担责任。我国传统的事业单位，严格来讲，不是独立第三方机构。因为老百姓认为，这些事业单位，就是政府的一部分。钱是政府出的，机构也是政府管的，人事也是政府管的，还享受政府的待遇，出了问题，当然是政府的责任。所以事业单位没有独立责任，也没有与中央政府责任分离。

目前国内最大的第三方企业征信服务机构是 11315 全国企业征信系统，该机构创立于 2002 年，首创以互联网大数据为基准的全新征信模式，把政府各职能部门的监管信息、行业协会（社团组织）的评价信息、银行信贷诚信信息、企业管理信息、媒体的评价信息，以及实名制下的消费者评价信息（包括消费信息、交易信息、合作信息、劳务信息等），按照统一的征信规则，汇集到相关企业诚信档案。通过科学的数学分值计算，适时反映出企业动态的诚信状况。为企业交易之前做出科学公正的参考依据，企业通过 11315 对交易对象进行诚信评估，可以有效地规避商业风险、杜绝商业欺诈。11315 对任何企业不发表任何主观评价，只需要严格审核、把控每一条进入诚信档案的诚信信息的真实性，通过对大量社会各方评价信息统一计算自动得出所有企业的诚信分值和诚信评级结果，真正体现了特色国情下的“客观、公正、独立第三方”国际征信模式。

2. 什么是第三方监督机制

第三方监督制度是指在管理者与被管理者之外的一种监督制度，它不受地方管理者的约束，而可以去约束管理者。这意味着做出评估结论的机构或个人既非政策制定者，也非执行者，其实质是一种更客观的社会监督。第三方监督机制作为监督考核的一种最直接、最有效的方法，直接影响着政府、企业及其工作部门监督考核结果的可信度和透明度。

目前我国各行各业都在引入或即将引入第三方监督机制进行监督，特别是在我国现行制度和法律还存在不少缺陷和不足，政府监管不完全到位的情况下，给第三方监督机制提供了市场和舞台。

随着社会的进步和发展，人民群众对民主和公平公正的愿望和要求随之增强和提高，在各单位和各部门自身监督不够、无法满足人们对公平公正的要求时，引入第三方监督，既可平衡内部矛盾，又可满足群众对社会公平正义的要求和愿望，为企业作风建设提供了一个真实反映民意的评估样本。

整体而言，企业的诚信问题的治理是一项长期而复杂的工程，需要不断地摸索改革，并适应经济形势的需求，改变观念，开拓创新。企业之间的诚信关系是现代市场经济的核心，人无信不立，市无信不稳。实践证明，市场经济越发展就越要求诚信经营。提高中国企业诚信经营水平，直接关系到能否降低交易成本，增加内需，提高我国企业的综合国际竞争力，加速我国的市场化进程。为了实现国民经济顺畅运行和持续、稳定、快速发展，为了尽早建立和完善社会主义市场经济体制，与国际经济接轨，构建我国的企业诚信制度体系已刻不容缓。只有政府、全社会的通力配合与努力，企业才能真正受益，市场经济才能长期稳定发展。

企业诚信档案便于第三方监督

龙口市某个个体米粉厂谈成一笔大单，客户却跑到临近村竞争对手的厂里拉货去了。原因是拉货的路上，客户手机上网看到这个厂的诚信档案空空，营业执照、食品许可证、税务证、资质荣誉等都没有。客户分析该厂这些手续是不是没有，如果有为什么不在档案里公开呢？万一出现问题怎么办？厂长知道后，肠子都悔青了。因为前几天爱上网的儿子提醒过他，叫他注意一下诚信档案的事情，他还教训儿子说这东西没人看。现在，该厂的诚信档案已经很完善，诚信分值很高，接连签订了数笔意外订单，生意平稳增长。

事实说明，在社会诚信体系面前，如果抱持不理会或抱持侥幸心理，只会给企业造成更大伤害。有不良诚信记录的企业，应正确面对现实，合理地利用诚信机制，化解诚信风险，用更多的良好信息，提升诚信分值，重新赢得社会信任。

企业建立诚信档案，一方面有助于企业规范管理，提升业绩，打造品牌形象；另一方面也便于第三方监督，而便于监督更具有现实性和紧迫性。

1. 企业建立诚信档案的必要性

企业诚信档案是指由公共管理部门公正记录生产经营者和管理者诚实守信，依法签约，认真履约的材料总汇。其集中体现出企业在社会和市场行为过程中的可信度、公信度和诚实诚信的综合竞争力，是证实企业是否诚实守信、遵纪守法或有无违法违约、欺诈、拖欠及逃避债务等行为的重要凭证和依据。

改革开放以来，我国经济取得了前所未有的发展，人民的生活水平和社会的文明程度都得到了极大的提高。但是，与发达国家相比，我国现代社会市场经济所必备的国民诚信体系还没有完全建立起来，尤其是部分企业对诚信社会诚信缺失引发的矛盾时有发生。最典型的就是当前制售假冒伪劣产品层出不穷，以及“逃债”“坏账”“合同欺诈”等事件屡见不鲜。市场上出现的诚信危机严重危及了我国正常的经济发展秩序和对外经济交往活动，给我国的经济、社会带来了巨大的直接和间接损失，严重影响了我国的经济发展，也影响了与国际间的经济往来。

美国学者福山在《信任》一书中曾预言：21 世纪是信誉的世纪，哪个国家的信誉度最高，哪个国家就会赢得更广阔的市场。社会主义市场经济是法治经济，也是契约经济、诚信经济。企业诚信不仅关系到国家经济的发展，而且作为企业的一种重要的无形资源，是企业经济发展的无形推动力，对企业的长远发展有着巨大的促进作用。所以在这个时代，企业建立和完善诚信档案，不仅有利于企业发展，帮助企业做大做强，还有利于营造公平、公正的市场经济环境，更是进一步完善社会诚信体系的要求，也是企业的责任。

企业诚信档案是企业诚信的载体，它对企业具有以下作用：

（1）利用企业诚信档案，评估企业诚信等级

在招标过程中，许多招标单位要求投标单位提供企业诚信等级状况，诚信等级在招标过程中占有一定的分数比例。企业在其他方面实力可能一致，但仅仅由于企业诚信状况的差异，就可能在招标过程中中标或失标；在赊销业务中，诚信状况不好的企业，允许赊销的额度不一样，诚信等级高的企业赊销的额度就高一些；另外，企业与社会其他商业部门进行商务往来中，企业要主动向对方出示自己的诚信状况。而企业的诚信等级评定的依据直接依赖企业的诚信档案。诚信档案是建立企业诚信重要的资源。

（2）企业利用诚信档案，宣传、塑造企业诚信形象

在市场经济中，企业怎样树立自己的诚信形象，是非常重要的，有诚

信在市场搏击中游刃有余，无诚信在市场经济中寸步难行。若宣传自己的诚信，就必须利用自己的诚信档案这个资源有理有据地进行宣传，说服消费者、合作者。特别是加入 WTO 以后，还有一个涉外诚信的问题，通过诚信档案宣传，塑造企业诚信形象，一传十、十传百，不断地扩大自己的诚信影响，利用企业档案打造企业的诚信效应。

（3）企业诚信档案，能直接给企业带来经济效益

企业诚信档案直接体现出企业的诚信程度。企业从开业工商部门就为其建立了开业档案，并对其一系列经济行为记录在案，企业从融资开始，在生产管理、销售环节上对信誉、质量一一记录。在现实生活中，一条信息使一个企业盛衰的事例很多。南京冠生园旧馅月饼曝光后，其最终破产；相反，老字号同仁堂坚持以诚信为本，不仅使自身产品在国内市场经久不衰，还开辟了海外市场，在国际市场也是如此。商界盛传东京奥达克百货公司 35 次紧急电话的佳话，为了追回误出售的不合格产品，这家公司一个晚上打了 35 次国际长途电话，找到了顾客，退还了产品，此事见报以后引起强烈反响，这家公司也由此生意兴隆。这仅仅是媒体公开的诚信信息，如果利用网络将诚信档案信息发布社会，将给企业和消费者带来更大的益处。

（4）建立诚信档案，有利于提高全民的诚信意识，改善全社会的经济环境

通过建立诚信档案，可以建立起公开的诚信披露记录制度。这样就可以使不讲诚信的企业受到市场的惩罚，政府的处罚，舆论的谴责，迫使这些企业改邪归正。与此同时，诚信好的企业也得到了肯定，让诚信给它带来市场，带来利益，这样也就鼓励了企业诚实守信，企业也就更加重视，并主动地培养自己的诚信能力，有利于改善全社会的经济环境。

2. 如何建立企业诚信档案

企业诚信档案反映出生产经营者和管理者在经营管理过程中所具有的

与社会主义市场经济相适应的道德观念和法律意识，以及经济交往中的行为规范和品德修养的综合竞争能力。

从形成渠道看，企业诚信档案可分为直接信息与间接信息。直接信息是指企业自身活动中形成的诚信资料，如企业基本情况、资产状况、借还贷记录、纳税记录、会计报表等；间接信息是与企业相关的单位形成的反映企业诚信状况的资料，如工商、税务、金融、质量认证等部门关于企业经营、纳税、贷款产品质量等记录以及来自客户或消费者的评价。具体内容大致由以下 6 部分组成：

（1）银行信誉等级记录

银行贷款不逾期、不欠息，偿债指标均在正常值内，有较强的盈利能力，有较充足的现金流量，按照银行考评条款确定的诚信等级记录。

（2）纳税诚信等级记录

指税务机关根据纳税人履行纳税义务情况，依据《纳税诚信等级评定管理试行办法》规定的标准进行评定的基础上，就纳税人在一定周期内的纳税诚信所评定等级的记录。

（3）劳动用工合格记录

企业单位在劳动合同、用人、工时、工资、社保等方面符合《劳动法》有关规定，并获得年度考核检查合格证书。

（4）企业经营规范记录

无利用合同格式条款损害消费者合法权益的行为；严格遵守《商业、企业、经销商标管理办法》和《禁止价格欺诈行为的规定》，无经销假冒注册商标商品的行为；有完善的售后服务，及时处理消费者投诉工作；有企事业经营管理行为规范等证书或记录。

（5）行为达标记录

依据有关现行法规，实施行业规范管理服务达标标准，有管理服务规范达标的证书或记录。

（6）其他记录

按照有关国际标准或世界贸易组织规则取得了相应的证书或记录，以及有能够证明本系统诚实守信的资质材料。

3. 整合信息，完善创新

企业诚信档案内容较多，涉及面广，动态性强，档案部门必须进行有效的信息整合，才能创新构成完整的企业诚信档案内容。具体可以从以下6个方面加以组合和构建：

（1）企业进入或退出市场的资料

主要指企业在办理开业、变更、注销登记中的基本事项。包括企业名称、住所、负责人、投资人、注册资本、经营范围、经营期限等，应当成为反映其诚信情况的基础性材料。

（2）企业被行政处罚的资料

主要指企业因违反登记事项，或从事虚假宣传、走私贩私、合同欺诈、经营假冒伪劣商品、制售非法出版物、欺骗消费者等违法行为被行政处罚而形成的记录，应当成为反映企业诚信状况的核心材料。

（3）企业被行政监管的资料

有关部门在对企业例行检查、年度检验时，对企业守法经营所做出的认可性记录；对企业轻微违法行为责令改正的提示性记录等，应当成为反映企业诚信状况的主要材料。

（4）企业被投诉举报资料

企业因涉嫌违法被投诉举报，有时虽然从法律上可能很难认定，或者因证据不足未被追究法律责任，甚至可能是没有根据的投诉举报。在这当中产生的资料，是一种社会性的信息，是一块社会“公示板”，其中蕴含着一定的警示作用，应当成为企业诚信状况的参考材料。

（5）企业被认证、褒奖资料

比如，在工商行政管理实践中经常会涉及对企业诚信状况的某些认可。比如，在某一时段对某一方面进行认证，评选出“无假冒商品商店”“消费者信得过单位”“重合同守诚信企业”等，这些认证性信息也应当成为企业诚信档案的有机组成部分。

（6）企业纳税的资料

根据现行税收征管工作的规定，纳税人档案资料可分为户管资料和分局（所）管资料两大类。户管资料主要包括税收管理过程中的各类登记表（如税务登记表、退税登记表、一般纳税人申请认定表、年审表），纳税申报表（含附列资料），发票定制审批表和购、用、存报告表，各类涉税审批表，处理决定书等。所管资料主要包括各类纳税人基本情况表，管征户数底册，定期定额户生产经营情况调查表（典型业户），各类检查许可证存根联，以及其他相关的所（分局）管理的资料。这些纳税资料应该是企业诚信档案的重要组成部分。

企业诚信档案的构建是一项长期而又艰巨的工作，档案行政管理部门必须充分发挥自己的职能优势。要加强企业诚信信息资料的收集和整理，积极做好数据资料的登录和技术保障工作，促进企业诚信信息资源的社会共享。

第三方征信的原则和基本流程

征信就是专业化的、独立的第三方机构为个人或企业建立诚信档案，依法采集、客观记录其诚信信息，并依法对外提供诚信信息服务的一种活动。它为专业化的授信机构提供了一个诚信信息共享的平台。因此，征信的原则及其基本流程在第三方机构工作中显得十分重要。

1. 第三方机构征信的原则

征信的原则是征信业在长期发展过程中逐渐形成的科学的指导原则，是征信活动顺利开展的根本。通常，我们将其归纳为真实性原则、全面性原则、及时性原则和隐私保护原则。

（1）真实性原则

真实性原则即指在征信过程中，征信机构应采取适当的方法核实原始资料的真实性，以保证所采集的诚信信息是真实的，这是征信工作最重要的条件。只有信息准确无误，才能正确反映被征信人的诚信状况，保证对被征信人的公平。真实性原则有效反映了征信活动的科学性。征信机构应基于第三方立场提供被征信人的历史诚信记录，对诚信报告的内容，不妄下定论，在诚信报告中要摒弃含有虚伪偏袒的成分，以保持客观中立的立场。基于此原则，征信机构应给予被征信人一定的知情权和申诉权，以便能够及时纠正错误的诚信信息，确保诚信信息的准确性。

（2）全面性原则

全面性原则又称完整性原则，指征信工作要做到资料全面、内容明晰。被征信人，不论企业或个人，均处在一个开放的经济环境中。人格、财务、资产、生产、管理、行销、人事和经济环境等要素虽然性质互异，但都具有密切的关联，直接或间接地在不同程度上影响着被征信人的诚信水平。不过，征信机构往往收集客户历史诚信记录等负债信息，通过其在履约中的历史表现，判断该信息主体的诚信状况。历史诚信记录既包括正面信息，也包括负面信息。正面信息指客户正常的基础信息、贷款、赊销、支付等诚信信息；负面信息指客户欠款、破产、诉讼等信息。负面信息可以帮助授信人快速甄别客户诚信状况，正面信息能够全面反映客户的诚信状况。

（3）及时性原则

及时性原则是指征信机构在采集信息时要尽量实现实时跟踪，能够使用被征信人最新的诚信记录，反映其最新的诚信状况，避免因不能及时掌握被征信人的诚信变动而为授信机构带来损失。信息及时性关系到征信机构的生命力，从征信机构发展历史看，许多征信机构由于不能及时更新信息，授信机构难以据此及时判断被征信人的诚信风险，而导致最终难以经营下去。目前，我国许多征信机构也因此处于经营困境。

（4）隐私和商业秘密保护原则

隐私和商业秘密保护原则是对被征信人隐私或商业秘密进行保护，是征信机构最基本的职业道德，也是征信立法的主要内容之一。征信机构应建立严格的业务规章和内控制度，谨慎处理诚信信息，保障被征信人的诚信信息安全。在征信过程中，征信机构应明确征信信息和个人隐私与企业商业秘密之间的界限，严格遵守隐私和商业秘密保护原则，才能保证征信活动的顺利开展。

2. 第三方机构征信的基本流程

征信活动可以分为两类：一类是征信机构主动去调查被征信人的诚信状况；另一类是依靠授信机构或其他机构批量报送被征信人的诚信状况。两者最大的区别在于前者往往是一种个体活动，通过接受客户的委托，亲自到一线去收集调查客户的诚信状况，后者往往是商业银行等授信机构组织起来，将信息定期报给征信机构，从而建立信息共享机制。两者还有一个区别是前者评价的范围更广，把被征信人的资质情况、诚信度考察、资产状况等都包括在内，而后者由于是批量采集信息，因此灵活性和主观性上不如前者，但规律性和客观性则强于前者。但两类方式在征信的基本流程上是相同的，例如，前一类流程要制订计划，决定采集哪些信息，而后一类流程也同样如此，由征信机构事先确定好需要采集的信息后，与信息拥有方协商，达成协议或其他形式的约定，定期向征信机构批量报送数据，因此，在讨论流程时，可以将两者合并在一起。

第一步：制订数据采集计划

能够反映被征信人诚信状况的信息范围广泛，为提高效率、节省成本，征信机构应事先制订数据采集计划，做到有的放矢。这是征信基本流程中一个重要的环节，一份好的计划能够有效减轻后面环节的工作负担。一般来说，数据采集计划包括以下内容：

一是采集数据项。客户使用征信产品的目的不尽相同，有的希望了解被征信人短期的诚信状况，有的则是作为中长期商业决策的参考。客户的不同需求决定了数据采集重点的迥异。征信机构要本着重点突出、不重不漏的原则，从客户的实际需求出发，进而确定所需采集数据的种类。例如，A 银行决定是否对 B 企业发放一笔短期贷款时，应重点关注该企业的历史信贷记录、资金周转情况，需采集的数据项为企业基本概况、历史信贷记录、财务状况等。

二是采集方式。确定科学合理的采集方式是采集计划的另一主要内容。不论主动调查，还是授信机构或其他机构批量报送数据，征信机构都应制定最经济便捷的采集方式，做好时间、空间各项准备工作。对于批量报送数据的方式，由于所提供的数据项种类多、信息量大，征信机构应事先制定一个规范的数据报送格式，让授信机构或其他机构按照格式报送数据。

三是其他事项。在实际征信过程中，如果存在各种特殊情况或发生突发状况，征信机构应在数据采集计划中加以说明，以便顺利开展下面的工作。

第二步：采集数据

数据采集计划完成后，征信机构应依照计划开展采集数据工作。数据一般来源于已公开信息、征信机构内部存档资料、授信机构等专业机构提供的信息、被征信人主动提供的信息、征信机构正面或侧面了解到的信息。出于采集数据真实性和全面性的考虑，征信机构可通过多种途径采集信息。但要注意，这并不意味着数据越多越好，要兼顾数据的可用性和规模，在适度的范围内采集合适的数据。

第三步：数据分析

征信机构收集到的原始数据，只有经过一系列的科学分析之后，才能成为具有参考价值的征信数据。

一是数据查证。数据查证是保证征信产品真实性的关键步骤。一查数据的真实性。对于存疑的数据，征信机构可以通过比较不同采集渠道的数据，来确认正确的数据。当数据来源唯一时，可通过二次调查或实地调查，进一步确定数据的真实性。二查数据来源的可信度。某些被征信人为达到不正当目的，可能向征信机构提供虚假的信息。如果发现这种情况，征信机构除及时修改数据外，还应记录该被征信人的“不诚信行为”，作为以后业务的参考依据。三查缺失的数据。如果发现采集信息不完整，征信机构可以依据其他信息进行合理推断，从而将缺失部分补充完整。比如，利用某企业连续几年的财务报表推算出某几个数据缺失项。最后是被征信人自查，即异议处理程序。当被征信人发现自己的诚信信息有误时，可向征信机构提出申请，修正错误的信息或添加异议声明。特别是批量报送数据时，征信机构无法对数据一一查证，一般常用异议处理方式。

二是诚信评分。诚信评分是个人征信活动中最核心的数据分析手段，它运用先进的数据挖掘技术和统计分析方法，通过对个人的基本概况、诚信历史记录、行为记录、交易记录等大量数据进行系统的分析，挖掘数据中蕴含的行为模式和诚信特征，捕捉历史信息和未来信息表现之间的关系，以诚信评分的形式对个人未来的某种诚信表现做出综合评估。诚信评分模型有多种类型，能够预测未来不同的诚信表现。常见的有诚信局风险评分、诚信局破产评分、征信局收益评分、申请风险评分、交易欺诈评分、申请欺诈评分等。

三是其他数据分析方法。在对征信数据进行分析时，还有其他许多的方法，主要是借助统计分析方法对征信数据进行全方位分析，并将分析获得的综合信息用于不同的目的，如市场营销、决策支持、宏观分析、行业分析等领域。使用的统计方法主要有关联分析、分类分析、预测分析、时间序列分析、神经网络分析等。

第四步：形成诚信报告

征信机构完成数据采集后，根据收集到的数据和分析结果，加以综合整理，最终形成诚信报告。诚信报告是征信机构前期工作的智慧结晶，体现了征信机构的业务水平，同时也是客户了解被征信人诚信状况、制定商业决策的重要参考。因此，征信机构在生成诚信报告时，务必要贯彻客观性、全面性、隐私和商业秘密保护的科学原则。所谓客观性，指的是诚信报告的内容完全是真实客观的，没有掺杂征信机构的任何主观判断。基于全面性原则，征信报告应充分披露任何能够体现被征信人诚信状况的信息。但这并不等于长篇大论，一份高质量的诚信报告言简意赅、重点突出，使客户能够一目了然。征信机构在撰写诚信报告过程中，一定要严格遵守隐私和商业秘密保护原则，避免泄露相关信息，致使客户和被征信人权益受到损害。诚信报告是征信机构最基本的终端产品，随着征信技术的不断发展，征信机构在诚信报告的基础上衍生出越来越多的征信增值产品，如诚信评分等。不论形式如何变化，这些基本原则是始终不变的。

看大数据如何给你的诚信打分

诚信是市场经济的基石。加快建设社会诚信体系，有利于规范市场秩序、降低交易成本、增强经济社会活动的可预期性和效率。党的十八届三中全会强调建立健全社会征信体系，褒扬诚信，惩戒失信。完善的诚信体系，能让守信者畅行无阻，失信者寸步难行。

个人诚信既与个人生活息息相关，也与经济社会发展密不可分。推进我国的个人诚信系统建设，企业、个人和政府分别能做些什么？目前，除了中国人民银行的征信报告，诚信评价有了新的渠道。2015 年 1 月 5 日，中国人民银行印发《关于做好个人征信业务准备工作的通知》，要求芝麻诚信管理有限公司、腾讯征信有限公司等 8 家机构做好个人征信业务的准备工作。尽管从业时间长短不一、数据来源各异，但在个人征信业务的具体规划上，8 家民营公司纷纷突出“大数据”和“互联网征信”。

1. 打车、网购表现都可作为征信参考

健全的社会征信体系，对于规范发展征信市场、服务实体经济具有重要意义。受限于征信系统信息来源，央行征信记录有大量未能覆盖的群体。数据显示，截至 2013 年年底，在央行征信中心收录数据的 8 亿多自然人中，有征信记录的约 3.2 亿人，占总人口数的 23.7%，远低于美国征信体系 85% 的覆盖率。个人有效征信数据主要产生于信贷领域，使用也主要在信贷领域。

引入民营的征信机构，尤其是有互联网背景的公司，个人征信可以在更多维度得以体现。比如，一个从未向银行借贷的大学生，可能没有央行征信中心的征信记录，但只要在互联网上留下行为轨迹，互联网公司即可

通过海量数据挖掘和分析技术来预测其风险表现和诚信价值，为其建立个人诚信评分。再如，使用手机软件预约打车，违约记录可以成为个人征信系统的数据来源；再如网上购物，即便不使用诚信卡支付，购买过程中的表现，也可以被作为征信参考……诚信卡还款、网购、转账、理财、水电煤缴费、租房信息、住址搬迁历史、社交关系等方方面面，如何利用这些数据完善征信体系成了市场化征信机构探索的前沿领域。

在 8 家民营公司中，芝麻诚信采用国际上通行的诚信分表现诚信水平高低，最低 350 分，最高 950 分，分数越高代表诚信程度越好，违约可能性越低。芝麻诚信的相关业务负责人说，我们不仅记录用户良好的履约行为，也记录用户不良的违约行为。让征信覆盖到尽量多的人群，是对已有征信系统的补充，具有一定普惠性质。

2. 诚信即财富，大数据一分钟就可决定贷款额度

在欧美国家，一个人经常逃地铁票或是借钱不还，将引发找不到工作、租不到房、申请不到贷款等连锁反应。诚信系统完善后，这样的情形也将发生在我们身边。

据透露，公测期间芝麻诚信已经跟租车、租房、婚恋、签证等多个领域的合作伙伴谈定合作，并将很快试验性地对外提供服务。这意味着当你的芝麻分达到一定数值，租车、住酒店时可以不用再交押金，网购时可以先试后买，办理签证时不用再腾挪存款办证明，贷款时可以更快得到批复、拿到比别人低的利率。

蚂蚁金融服务集团运用云计算将数据进行整理、运算，采用一定的模型评定个人的诚信。蚂蚁微贷就是建立在此基础上，甚至能做到一分钟之内决定给用户多少贷款。

腾讯财付通团队早在两年前就积极推进征信业务的探索。据介绍，他们的征信体系基于 3 个方面的考虑：首先是帮助金融机构提高风险管理水平；其次是希望推动普惠金融的发展，让普通用户更容易进行借贷；最后是希望引导年轻用户增强诚信意识，建立“诚信即财富”观念。

对于腾讯来说，开展个人征信业务的底气也很足：8 亿的 QQ（聊天工具）账户，超过 5 亿的微信账户，超过 3 亿的支付用户，以及微博等多种服务聚集了庞大的用户群。腾讯财付通相关负责人介绍，这些用户留存有大量的数据，成为我们展开征信业务的基础。通过这些数据的分析和计算，可以对用户形成一个全面的个人诚信画像。

3. 个人信息和诚信状况将变得人人皆知

前景虽然广阔，但摆在个人征信面前的难题也不少。在企业之间信息不互通的情况下，个人征信是否能够全面反映个人的诚信情况？

支付宝忠实用户的个人信息，在财付通上可能很难全面展现。个人征信想要更加权威，需要解决这个问题。民营机构的个人征信评分能否与央行征信报告整合，也是个人征信评分是否好用的关键。

个人征信到来，不少网友还担心，个人隐私会不会成为他人赚钱的工具？我国《征信业管理条例》规定，禁止征信机构采集个人的宗教信仰、基因、指纹、血型、疾病和病史信息以及法律、行政法规规定禁止采集的其他个人信息。征信机构不得采集个人的收入、存款、有价证券、商业保险、不动产信息和纳税数额信息。

腾讯相关负责人表示，在采集和查询个人信息时，必须获得信息主体的授权同意并明确使用的用途和范围。在开展征信业务时，将严格按照监管规定，进行数据的采集、处理和使用，遵守央行指导意见，同时愿意接受监管和大众监督。芝麻诚信负责人也表示，所有信息的保存采用符合行业标准的最高要求，比如公安部信息安全等级保护 3 级等。

业内人士认为，个人征信体系建立过程需要不断完善，隐私保护是重中之重。相关部门应尽快根据实际情况，更新规定，加强监管，坚决打击非法收集和买卖数据的行为，让个人隐私得到更好保护。

4. 看看境外的个人诚信评定

在美国，FICO 诚信分是美国个人征信行业使用最为广泛的产品。艾可飞、益百利和环联三大征信局都采用了 FICO 诚信分来量化个人诚信质量和风险。FICO 诚信分主要参考付款历史、欠款数额、诚信历史时长、新诚信账户、使用的诚信账户 5 个维度的信息。目前美国的个人征信体系已经覆盖了 85% 的人群。

在德国，有一家政府主导的征信机构，不过影响很小，目前最大的征信机构是一家民营公司，它储存着 6600 余万个人及 400 万家企业的 6.5 亿条信息，这意味着德国 3/4 的人口、几乎全部企业的诚信状况都有据可查。

在法国，个人征信体系由国家主导建立。法国人把个人诚信看成社会地位的象征，有了不良的诚信记录后，法国人会觉得自己的社会地位受到了影响，所以在法国的文化中，征信的道德约束感非常强。

信息采集要突破征信数据困局

2015 年 1 月 5 日，中国人民银行印发《关于做好个人征信业务准备工作的通知》，要求芝麻诚信管理有限公司、腾讯征信有限公司、深圳前海征信中心股份有限公司、鹏元征信有限公司、中诚信征信有限公司、中智诚征信有限公司、拉卡拉诚信管理有限公司、北京华道征信有限公司 8 家机构做好个人征信业务的准备工作，准备时间为 6 个月。这表明个人征信市场正式向互联网企业开放。

1. 什么是个人和企业征信

征信的数据要素主要包括 3 个方面。一是个人基本信息，包括姓名、证件类型及号码、通信地址、联系方式、婚姻状况、居住信息、职业信息等；二是诚信交易信息，包括诚信卡信息、贷款信息、其他诚信信息；三是其他信息，包括查询记录等。

当前，由中国人民银行组织商业银行建成的企业和个人征信系统，已经为全国 1300 多万户企业和近 6 亿自然人建立了诚信档案。也就是说，这些企业和个人从事经济金融活动的诚信状况将被记录到“经济身份证”上，成为与企业和个人永远相伴的档案。如果逾期还贷或有其他违反合同的规定，那么“经济身份证”将被抹上灰色的一笔，今后向银行申请贷款就可能面临更加谨慎和挑剔的要求。

2. 征信服务遭遇的数据瓶颈

当前，网购已经触及社会经济行为的各个角落，以 P2P 为代表的互联网金融正在对传统金融行业发起冲击，基于网络的互联网经济成为一个重要的经济形势，而主体虚拟化的交易方式使得诚信的重要性越来越突出，于是征信业务作用性越发迫切。与此同时，互联网发展给个人征信行业带来了跳跃式的发展。随着互联网的发展，人的行为变成24小时可记录，这就导致与传统征信业的数据相比，互联网征信的数据涉及范围更广，种类更多。因此，传统的征信模式很难实现大数据时代的要求，大数据征信是征信体系的发展趋势。

从互联网征信的特征来看，其获取的主要是信息主体在线上的行为数据，包括网上的交易数据、社交数据以及其他互联网服务使用中产生的行为数据等，甚至可以是在信息主体之外的第三方评价、诚信口碑等信息。这些代表信息主体的互联网行为轨迹和细节更多反映人的性格、心理等更加本质的信息，都可以用来对信息主体的诚信状况进行推断。

然而，随着互联网大数据时代的到来，传播与网上的数据信息增量惊人。有数据显示，阿里芝麻诚信数据日处理量在30PB以上，相当于5000个国家图书馆的数据总量，其中包含了用户网购、还款、转账以及个人信息等方方面面的数据。而与互联网上传播的日数据量相比，阿里芝麻诚信的这些数据真算是九牛一毛。面对分布在各种平台、网站、社区、数据库的数据量庞大的，甚至是零散、零碎的征信建设可用数据信息，如何实现这些信息数据的收集与汇总，成为当前互联网个人及企业征信建设的一个瓶颈。

在业内看来，无论是阿里还是腾讯，布局征信业务主要优势在于手上握有的大数据。但是，面对抓取阿里生态圈外数据的瓶颈，阿里芝麻也只能通过购买或者合作等方式采集外部数据，包括政府机构数据以及金融机构数据等来弥补互联网征信在数据上的不足。于是，在自有生态圈外实现个人和企业诚信信息的采集、整理、保存、加工工作，已经成为互联网大数据时代征信建设必须要突破的困局。

3. 信息采集打破征信数据困局

互联网时代，每天存在于网络的数据数以亿万计，这些数据中包含着个人或企业的基本身份信息、工作情况、消费记录、兴趣爱好信息、口碑状况、犯罪记录、社交圈状况等，它们都可以作为征信建设的重要依据要素。但是，这些数据同时又表现出互联网信息普遍存在的传播性、即时性、零散性和杂乱性，这些特点都大大增加了传统人工数据收集的困难，也不利于海量数据的清洗。

在此背景下，以互联网开源信息作为抓取对象的网络数据自动化采集系统走入人们的视野。以当前信息采集行业知名品牌乐思信息采集系统为例，其主要根据用户自定义的任务配置，批量而精确地抽取互联网目标网页中的半结构化与非结构化数据，转化为结构化的记录，保存在本地数据库中，用于内部使用或外网发布，快速实现外部信息的获取。而自动获取的数据涵盖文本信息、URL（统一资源定位器）、数字、日期、图片、音频、视频、快照等各种类别，主要应用于公关效果监测、品牌监测、价格监测、门户网站新闻采集、行业资讯采集、竞争情报获取、商业数据整合、市场研究、数据库营销等领域。对于征信建设而言，其在网络信息数据自动化获取和整理方面作用突出。

以企业征信系统建设中的企业口碑状况和违法记录为例。比如，想建立万科的征信档案，通过乐思网络信息采集系统，可以以全网作为数据抓取对象，采集各类涉及万科的言论信息，包括网友跟帖、新闻报道、产品评价、营业情况等，然后通过后台的数据自动化分类聚类实现数据的清洗，得出万科相关的公众口碑度、媒体关注度、产品好评度等数据表，以此作为万科诚信评分的参照要素之一，从而保证对一个企业诚信标准评判的科学化、精细化和精准化。同时，这种征信参照数据的完整性，也有效地提高了企业诚信在金融贷款、经济交往中的说服力。

再如，企业的违法记录对于企业诚信度评判的高度作用是毋庸置疑的。然而，面对分布在各级各大法院数据库里相对孤立的巨量企业违法信息，一是难以实时全面收集，二是即使通过人工收集，也难以做好数据的清洗，其工作量和人工成本巨大，难以想象。而信息数据采集则很好地化解了这一难题。例如，乐思网络信息采集系统则可以一次性并且实时跟踪自动采集分散在各大法院官网的企业违法数据，集中入库，再通过系统的自动聚类分类功能，以企业或者违法类型为对象对入库数据实现信息自动清洗，最终完成企业违法记录数据库，依据需要纳入企业征信系统。

其实，不管是企业征信建设还是个人征信建设，其本质是数据，如何获得全面、及时、有效的数据，直接决定了征信建设在未来经济活动中的作用和意义。诚信数据判定要素越丰富、全面、准确，那么通过诚信度来考量经济交往中的风险也就越科学、越精准。因此，面对大数据需求与网络信息“孤岛”的矛盾，信息数据大采集为征信建设提供了渠道。

企业诚信信息基础数据库及运作

企业诚信信息基础数据库建设是我国社会诚信体系建设的重要组成部分。企业诚信信息基础数据库，是提供企业目标市场定位的依据，为提供企业营销决策所用，同时用于构建企业客户诚信档案，以评定客户诚信等级，并了解客户经济合同履约率的高低，以减少企业经营的风险。以下以四川省遂宁市建立“小微企业诚信信息数据库”为例，来看看企业诚信信息基础数据库的建立及其所发挥的作用。

小微企业之所以“融资难、融资贵”，其信誉档案与银行不对称是主要原因。为此，遂宁市挂牌成立了金融诚信信息服务中心，该中心启用“小微企业诚信信息系统”作为本土数据库，已收录该市13360余户企业和个人的诚信信息档案，包括各企业在质监、工商、信贷、税务等方面14万余条信息，发挥了巨大作用。

1. 诚信信息全面入库，积累信誉财富更易获得贷款

一方是急需资金的小微企业，一方是有钱贷不出去的银行。由于银企借贷双方缺乏一个便捷、可靠、全面的沟通平台，银行无法尽快了解企业的诚信情况，企业更不清楚自身诚信状况优良，由此带来的融资困境成了小微企业发展的“拦路虎”。为解决这一难题，2011年，在人民银行成都人行和市政府的支持下，人民银行遂宁中心支行启动小微企业诚信信息数据库建设，以信息化的手段促进小微企业信息全面采集。历时3年，数据库入库企业达到了1.33万余户，内容涉及14万余条质监、工商、信贷、税务等信息，该数据库不仅具有单户诚信

报告查询，还集成了批量条件查询、重点企业监测、报表生成、诚信评分等多项功能。2015 年 2 月，遂宁金融诚信信息服务中心正式开业，服务大厅面向社会提供征信系统个人诚信报告查询，企业诚信报告查询服务。

遂宁中心支行之所以要建立本地中小企业的诚信信息数据库，是因为本土企业查询自身诚信状况一般借助央行征信系统，但央行的征信系统是针对全国范围，查询的结果可能不准确、全面，难以作为金融机构的调查依据。而且有些企业、个人，以往从未和银行发生过借贷关系，诚信记录为零，更难从银行获得贷款。

作为本土的数据库，“小微企业诚信信息数据库”收集了遂宁本土小微企业的数据信息，包含企业基本情况、注册资本、经营者情况、纳税情况、荣誉情况、行政处罚等 31 个大类信息，相当于为这些企业建立了一个全面的诚信档案。

以往企业对自己的档案看不见、摸不着，通过查询形成报告，企业对自身信息记录和诚信状况适时了解，也可以作为自我提升和改进的依据。而那些经营情况良好、无行政处罚记录、每月按时交纳水电气费的企业无疑为自身积累了一笔信誉财富，信息由此转变为诚信，更易获得银行的资金支持。

以往个人要查询诚信状况，必须持身份证到市人民银行查询，现在也可以到市金融诚信信息服务中心查询了。诚信信息基础数据库除了录入企业的信息诚信情况，还将建成个人诚信信息基础数据库。无论是个人还是企业都应高度重视个人诚信记录。一旦出现诚信污点，想与银行建立信贷关系便会受阻。

2. 线上线下同步调查诚信信息，降低银行放贷的风险

过去，银行为涉农企业发放贷款一般是坐等农户上门，自从开展了金融服务创新后，“坐等”变为“走出去”，实施逐户上门营销战略。

自2012年5月22日，小微企业诚信信息数据库上线试运行以来，诚信联社就把批量筛选目标客户群的工作转移到数据库上来，并通过数据库中采集的联系方式及时与企业获得联系，再实地开展调查，为企业发放贷款。蓬溪农村诚信联社一位工作人员表示，自从使用数据库以来，线上线下同步调查了解企业情况，工作效率比以往提高了一倍，不仅如此，由于数据库录入了涉及企业财税等相关信息，也降低了银行放贷的风险。

接下来，该中心还将把金融网融资对接平台功能运用、小微企业诚信信息数据库信息查询，充分纳入银行业金融机构信贷业务办理流程。银行机构充分利用融资对接平台，依托数据库查询企业诚信信息，发掘建立信贷客户关系，建立一条高效快捷的信贷客户发展与银企对接通道，将促进小微企业和普惠金融发展。

3. 将建“遂宁诚信同城网”，实现多部门互通共享

为了让“小微企业诚信信息系统”囊括的诚信信息更加全面、准确，遂宁市还将尽快完成“遂宁诚信同城网”建设。该同城网将围绕“小微企业信息诚信数据库”，与税务、工商、环保、质监等各个职能部门实现互联互通和交互共享。各职能部门取得授权后须定期报送、更新企业在该部门的政务信息，如企业是否依法纳税、生产过程是否达到环保标准，以及其奖惩记录，供金融机构在线查询。

在2015年3月中旬召开的“金融网融资对接平台及小微企业诚信信息数据查询运用座谈会”上，提出了将建立完善小微企业诚信信息数据库采集指标体系，将以金融机构信贷风险防范、经济金融管理部门实施行政管理需求为导向，对小微企业诚信信息数据库指标进行整理，确定适用完备的数据采集指标体系。同时，拓展数据库信息采集渠道，重点丰富动产抵押、股权出资登记、对外担保等指标信息。尽快与工商、电力等部门达成诚信信息共享协议，实现企业基本信息、政务公开信息、水电信息等实时采集更新。届时，“遂宁诚信同城网”丰富全面的信息，将真正成为企业

的“诚信身份证”。

遂宁市建立“小微企业诚信信息数据库”的实践表明，建立企业诚信信息基础数据库，方便的不仅是企业和个人，各大金融机构还可结合实地调查，同步开展线上线下筛选客户工作，大大缩短了放贷流程。此外，该数据库还可以为政府部门提供统计报表，重点企业金融支持情况查询等服务。

“网络档案”是第三方监督最适合的表现形式

1. 什么是网络档案

网络档案指通过互联网信息技术平台，收集、筛选、甄别和整理各类互联网信息，为企业、个人、有关机构等建立的档案。

档案里记载着企业的官方动态、产品、网络口碑、评论、评价、专家指导、行政动态等有关信息供用户查阅，具有开放性、用户参与性等特点。

2. 诚盾档案的基本说明

北京诚盾诚讯信息技术有限公司成立于2014年5月21日，坐落在北京经济技术开发区凉水河二街大族企业湾内，注册资金1亿元，是一家专门致力于网络运营、软件开发、技术服务的高科技技术公司。

公司经过多年的研究，发现当前互联网正朝大数据时代迈进，用户的信息需求趋于复杂化、精准化、诚信化，并且迫切需要一种新的能够帮助其完成复杂分析任务的系统。

因此，公司邀请美、日、韩、中国台湾、北大、清华及业界知名人士等多位专家共同研讨，潜心设计出一套拥有自主知识产权及能够对海量互联网大数据进行深入分析的系统：诚盾档案——“互联网分析引擎”。

3. 诚盾档案的建档原则

（1）严肃性。页面设计应该简约明了、细致严谨，不能花花绿绿，也不能奇形怪状。

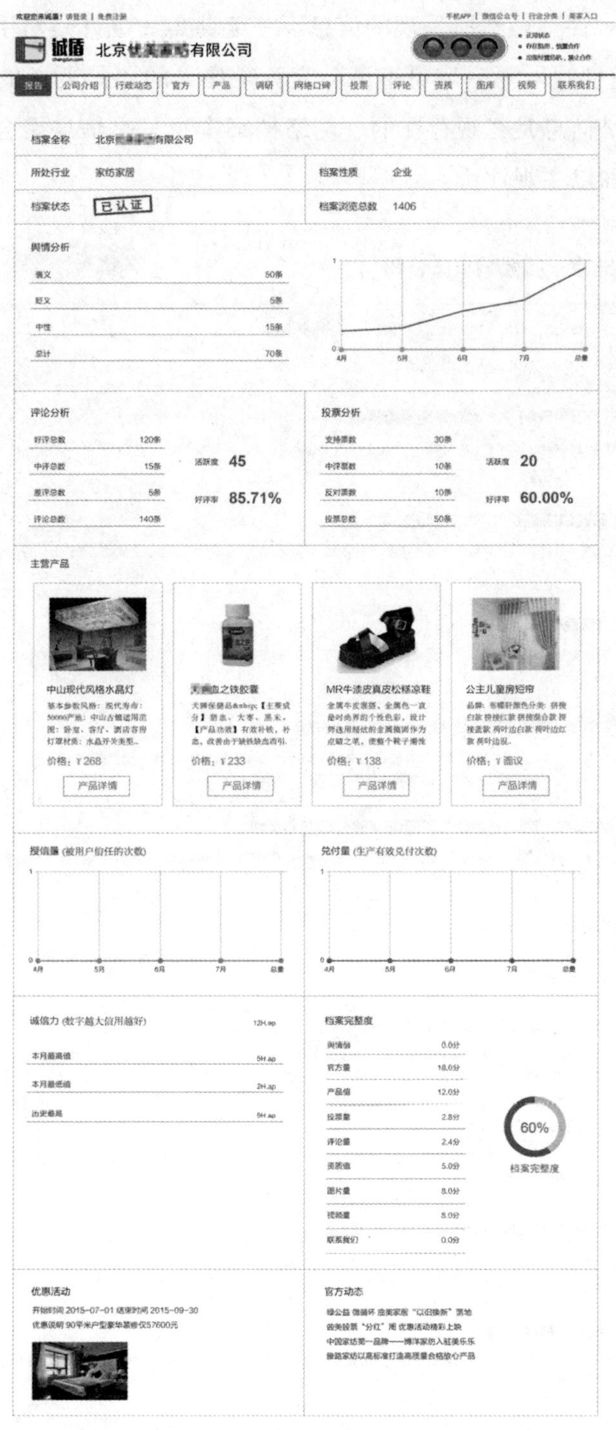

诚盾
北京　　有限公司
报告
公司介绍
行政动态
官方
产品
调研
网络口碑
投票
评论
资质
图库
视频
联系我们
档案全称　北京　　有限公司
所处行业　家纺家居
档案性质　企业
档案状态　已认证
档案浏览总数　1406
舆情分析
褒义　50条
贬义　5条
中性　15条
总计　70条
评论分析
好评总数　120条
中评总数　15条
差评总数　5条
评论总数　140条
活跃度　45
好评率　85.71%
投票分析
支持票数　30条
中评票数　10条
反对票数　10条
投票总数　50条
活跃度　20
好评率　60.00%
主营产品
中山现代风格水晶灯
价格：¥268
产品详情
血之铁胶囊
价格：¥233
产品详情
MR牛漆皮真皮松糕凉鞋
价格：¥138
产品详情
公主儿童房短帘
价格：¥面议
产品详情
授信量（被用户信任的次数）
兑付量（生产有效兑付次数）
诚信力（数字越大信用越好）
档案完整度
官方量　18.0分
产品值　12.0分
投票量　2.8分
评论量　2.4分
资质值　5.0分
图片量　8.0分
视频量　8.0分
联系我们　0.0分
60%
档案完整度
优惠活动
开始时间 2015-07-01 结束时间 2015-09-30
优惠说明 90平米户型豪华装修仅57600元
官方动态

（2）客观性。虽然所呈现的信息不一定真实（也许是对手打击或自夸自大），但信息的来源一定可追溯。究竟是褒义的还是贬义的信息都不重要，重要的是信息是客观存在的。网络档案本身只是信息聚合的平台，永远不对档案加以主观评价。

【北京婚庆,婚庆公司排行榜】-

为您找到北京市附近1614家婚庆公司商户信息。点击查看更多关于北京市地区附近婚庆公司商户电话、地址、价格、评价、排行榜等详情。..

北京婚庆公司 一站式婚庆服务引领北京婚庆公司

喜铺推出2015年超值主题婚礼套系，倾力打造完美婚礼，一站式婚庆服务，引领北京婚庆公司行业规范经营，成立十年服务新人30000对..

北京投资管理有限公司

北京投资管理有限公司(以下简称“”)是中国第三方理财行业的领先者,专注于持续为高净值客户甄选、配置稳健收益的金融产品,致力于财富持续稳健的增长......

北京投资管理有限公司理财是真骗人的吗_百度知道

6个回答 - 60%反对 - 最新回答: 2015年05月14日 最佳答案: 投资有风险,理财需谨慎,找一个好的靠谱的理财公司,其实一点也不逊色于某行的,首先要注意客户资金问题,绝对不允许是公司账户直接管理,应要有第三方监管......

-北京家装公司|北京装修报价|朝阳装修公司|昌平装修...

★北京十大品牌装修公司,口碑好,性价比高,装修范围:北京小户型装修,新老房装修,别墅装修等项目,主打装修区域:朝阳装修,昌平装修,通州装修,海淀装修,装修报.....

北京有限公司企业介绍

北京有限公司系加拿大外商独资企业,成立于1992年12月,历经数年,耗资数百万,独家开发生产出专利产品-“”牌便携式活力氧。现已成为全球最大的便携式罐装氧.....

北京装饰装修公司-专注【新房_老房_别墅装修】

北京深度空间装饰公司12年老房、新房、二手房、别墅装修经验,擅长10余种风格. 112家分公司为全国16480多户家庭提供过装修设计服务.预.....、新房、二手房、别墅装修经验,擅长10余种风格. 112家分公司为全国16480多户家庭提供过装修设计服务.预.....

北京保健品开发有限公司

北京澳特舒尔保健品开发有限公司成立于2000年9月,总部位于北京市海淀区中关村科技园区,是一家集研发、生产、销售于一体,专业生产经营中国茶疗保健产品的科工贸企业,获得.....

北京 北京东纺有限公司,纺织,纯棉四件套 蚕丝被

北京有限公司 联系人: 经营模式:生产加工 企业地址: 企业介绍 取回网站管理权 北京美梦家纺床上用品出售:优质新疆棉花 优质纯棉花布(暖绒布、冰丝布、.....

北京用纺织品科技有限公司

北京家用纺织品科技有限公司位于北京.丰台区丰台区东管头3号巨擘达写字楼202室,交通十分方便,欢迎四方朋友上门共谈合作。公司各级组织和员工持续学习,依靠自..

（3）呈现形式全面性。我们通常以网页新闻与文章、论坛发帖和回帖、微博、问答系统、评论、投票、图片、视频等方式来了解企业，所以诚盾档案不是以某一种形式呈现企业的信息，而是以多种交叉的形式呈现其信息。

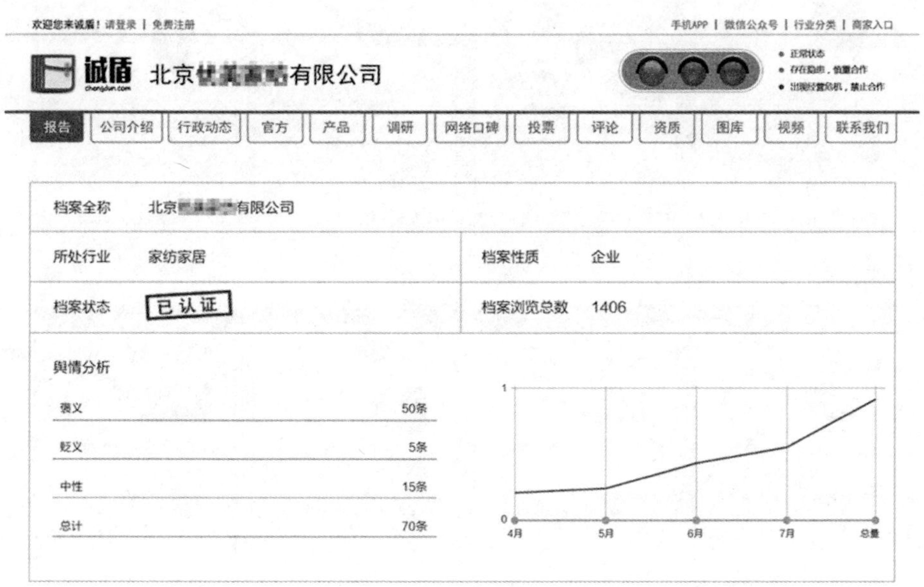

（4）第三方管理性。网络档案由诚盾档案作为第三方机构，秉承公开、公正的原则为企业建档，这种管理办法更容易得到公众的普遍认同。根据国家有关文件的精神，政府行政部门应该简政放权，企业作为第三方监督机构是发展的必然趋势。

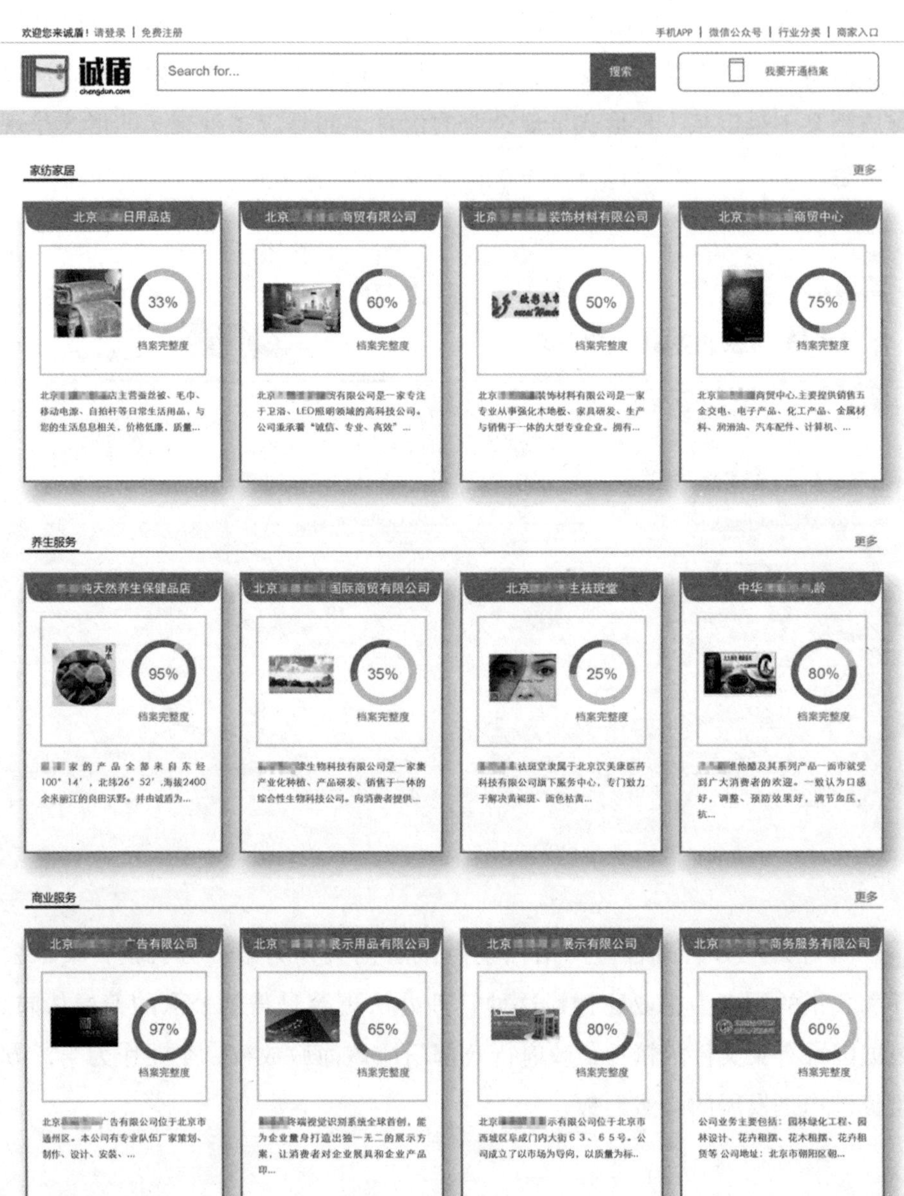
欢迎您来诚盾！请登录 | 免费注册
手机APP | 微信公众号 | 行业分类 | 商家入口
诚盾
chengdun.com
Search for...
搜索
我要开通档案
家纺家居
更多
日用品店
商贸有限公司
装饰材料有限公司
商贸中心
33%
60%
50%
75%
档案完整度
店主营蚕丝被、毛巾、移动电源、自拍杆等日常生活用品，与您的生活息息相关，价格低廉、质量...
有限公司是一家专注于卫浴、LED照明领域的高科技公司。公司秉承着“诚信、专业、高效”...
装饰材料有限公司是一家专业从事强化木地板、家具研发、生产与销售于一体的大型专业企业。拥有...
商贸中心,主要提供销售五金交电、电子产品、化工产品、金属材料、润滑油、汽车配件、计算机、...
养生服务
更多
纯天然养生保健品店
国际商贸有限公司
祛斑堂
95%
35%
25%
80%
家的产品全部来自东经100° 14′，北纬26° 52′,海拔2400余米丽江的良田沃野。并由诚盾为...
生物科技有限公司是一家集产业化种植、产品研发、销售于一体的综合性生物科技公司。向消费者提供...
祛斑堂隶属于北京汉美康医药科技有限公司旗下服务中心，专门致力于解决黄褐斑、面色枯黄...
他酪及其系列产品一面市就受到广大消费者的欢迎。一致认为口感好，调整、预防效果好，调节血压，抗...
商业服务
更多
广告有限公司
展示用品有限公司
展示有限公司
商务服务有限公司
97%
65%
80%
60%
广告有限公司位于北京市通州区。本公司有专业队伍厂家策划、制作、设计、安装、...
终端视觉识别系统全球首创，能为企业量身打造出独一无二的展示方案，让消费者对企业展具和企业产品印...
示有限公司位于北京市西城区阜成门内大街6 3、6 5号。公司成立了以市场为导向，以质量为标..
公司业务主要包括：园林绿化工程、园林设计、花卉租摆、花木租摆、花卉租赁等 公司地址：北京市朝阳区朝...

（5）多方机构参与性。如果诚盾档案所展示的内容全部由企业提供，那么主观因素太强，参考意义弱；如果全部由客户提供，没有企业参与，参考意义也弱；只有多方参与，才有更大的参考意义。比如：第三方管理方、企业方、用户方、专家学者方、行政部门方、专业认证机构方等。

企业方参与部分举例：官方动态、产品等。

欢迎您来诚盾！请登录 | 免费注册　　手机APP | 微信公众号 | 行业分类 | 商家入口

诚盾 chengdun.com　北京[illegible]有限公司

- 正常状态
- 存在隐患，慎重合作
- 出现经营危机，禁止合作

报告 | 公司介绍 | 行政动态 | 官方 | 产品 | 调研 | 网络口碑 | 投票 | 评论 | 资质 | 图库 | 视频 | 联系我们

以下栏目内容由档案所有方提供，不代表本站观点。

[illegible]以高标准打造高质量合格放心产品

据了解，在购买床上用品的时候，很多消费者一般通过手感和外观花色来选择，对于产品的质量也仅仅能通过标示来了解其成分等基础内容。对于同人们身体密切接触的产品，床上用品的质量安全重要性毋庸置疑。那么雅路家纺床上用品质量到底怎么样，床品材质到底好不好，它的生产环节又是如何呢？带着这些疑问我们走进雅路家

[illegible]立足文化滨州的理念 用创意展现美丽滨州

[illegible]有限公司参展的几大产品吸引着参观者,其中,具有地域文化特色产品的方巾让人对滨州有了直观的认识和感受,具有木板年画风情的抱枕一度卖空,第二天又从公司紧急调货,当天与青岛、济南、北京多个客户达成合作意向。在本次文博会上,愉悦家纺精心挑选了三色方巾、孙子兵法系列衍生品、木板年画抱枕、床上四件套四大类产

中国家纺第一品牌——博洋家纺入驻美乐乐

作为中国纺织行业的领袖品牌，博洋家纺近日又有新动向——正式入驻中国知名家居电商O2O平台美乐乐，而据了解，博洋家纺是开设有自己的官方网站并且在天猫、京东等也有旗舰店，那么此举有意欲何为呢?线上合作博洋家纺有限公司成立于1995年，在国内最早致力于家用纺织品的生产与销售，并率先提出“家纺”概念。其在2000

选被子小技巧

如何选购被子，是一个重要的问题，我们在床上休息的时间，占了整个生命的三分之一，没有一件事情比它更重要、更持久。我们要拥有好的睡眠，一床好的被子是必须的，可安睡到天亮的舒服被窝，也是在繁忙的工作之余，体现了生活幸福的一种方式。现在越来越看重睡眠质量，被子也是五花八门。祖祖辈辈的棉花被子和含有技

绿公益微循环 曲美家居“以旧换新”落地

2015年4月8日，曲美家居携手中国绿化基金会、联合国环境规划署、东南卫视、宁夏回族自治区林业厅等联合主办的第七届中国网络植树节暨幸福家园•绿色固原—全国志愿者生态扶贫植树交流活动在宁夏回族自治区固原市原州区项目现场正式启动。国家林业局防治荒漠化管理中心屠志方总工程师，中国绿化基金会副秘...

欢迎您来诚盾！请登录 | 免费注册　　　　手机APP | 微信公众号 | 行业分类 | 商家入口

诚盾 chengdun.com　北京[illegible]有限公司

- 正常状态
- 存在隐患，慎重合作
- 出现经营危机，禁止合作

报告 | 公司介绍 | 行政动态 | 官方 | 产品 | 调研 | 网络口碑 | 投票 | 评论 | 资质 | 图库 | 视频 | 联系我们

以下栏目内容由档案所有方提供，不代表本站观点。

中山现代风格水晶灯

基本参数风格：现代寿命：50000产地：中山古镇适用范围：卧室、客厅、酒店客房灯罩材质：水晶开关类型...

价格：￥268

产品详情

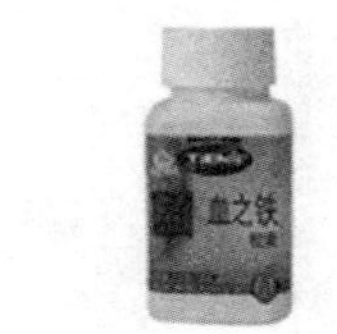

[illegible]血之铁胶囊

天狮保健品 【主要成分】猪血、大枣、黑米。【产品功效】有效补铁，补血，改善由于缺铁缺血而引.

价格：￥233

产品详情

MR牛漆皮真皮松糕凉鞋

金属牛皮混搭，金属色一直是时尚界的个性色彩，设计师选用超炫的金属镜面作为点睛之笔，使整个鞋子潮性

价格：￥138

产品详情

公主儿童房短帘

品牌：布蝶轩颜色分类：拼接白款 拼接红款 拼接混合款 拼接蓝款 荷叶边白款 荷叶边红款 荷叶边混..

价格：￥面议

产品详情

用户方参与部分举例：投票、评论等。

行政部门方参与部分举例。

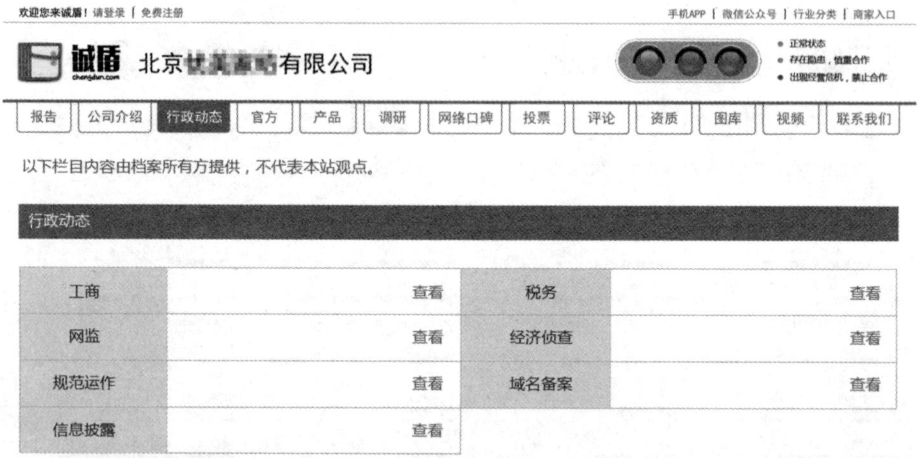

欢迎您来诚盾！请登录 | 免费注册　　　　手机APP | 微信公众号 | 行业分类 | 商家入口

诚盾 chengdun.com　北京[illegible]有限公司

- 正常状态
- 存在隐患，慎重合作
- 出现经营危机，禁止合作

报告 | 公司介绍 | 行政动态 | 官方 | 产品 | 调研 | 网络口碑 | 投票 | 评论 | 资质 | 图库 | 视频 | 联系我们

以下栏目内容由档案所有方提供，不代表本站观点。

行政动态

工商	查看	税务	查看
网监	查看	经济侦查	查看
规范运作	查看	域名备案	查看
信息披露	查看		

互联网互信中介模型

诚盾公司是一家网络运营、软件开发的高科技技术公司。针对我国诚信缺失的社会现状，该公司认为第三方公众监督是提高大众诚信行为最有效的方式之一，而网络档案是第三方公众监督最适合的表现形式。该公司倡导用户与企业充分参与诚信档案体系的建设，以有效解决我国诚信缺失问题。诚盾将自己定位为网络档案的管理者，致力于帮助用户维权，为企业提供增信服务，搭建用户与企业之间的信任桥梁，形成彼此之间的互信关系，进而助推全社会的诚信体系建设。

互信营销也称为增信营销，是诚盾公司根据当前市场环境，推出的一种新型营销解决方案。

1. 名词注解

互联网信用：基于互联网的形式与渠道建立的信用。

互联网信用中介：以互联网为媒介为用户与企业搭建的信用桥梁。

用户端：以高级会员制的办法为用户提供有偿增值服务。

企业端：按照交易的次数与交易额度为企业有偿提供增信服务。

增信：一项增加企业信用程度的服务。

增信办法：诚盾为开通档案企业的客户提供维权保函，用户手中有了维权保函，大大增加了对企业的信任程度。

竞信排名推广：根据企业的信用值排名，名次越靠前，企业档案被用户打开的机会就越高。

企业主动累计信用：企业可以主动将交易记录、事件活动、荣誉奖章等痕迹保存到诚盾档案中，以供用户查阅。

增信服务：增加企业信用值的服务。

2. 互联网信用中介图

诚盾档案为企业与用户搭建了一个信任的桥梁，对所有用户提供免费维权的服务，当用户发生就医、消费、就职、加盟、投资等行为时，可以打开诚盾 APP（手机软件）免费投保，符合投保条件即予以受理，生成诚盾保函（类似保险单）。当用户的权益受到侵害时，用户可以申请维权。如果用户为了获得更好的权益保障服务，也可以缴纳一定费用而成为高级用户。

诚盾档案对所建档的企业免费推广，并为企业累计信用服务，有偿为企业提供增信服务，增信的方法是为企业的客户提供保函受理服务。

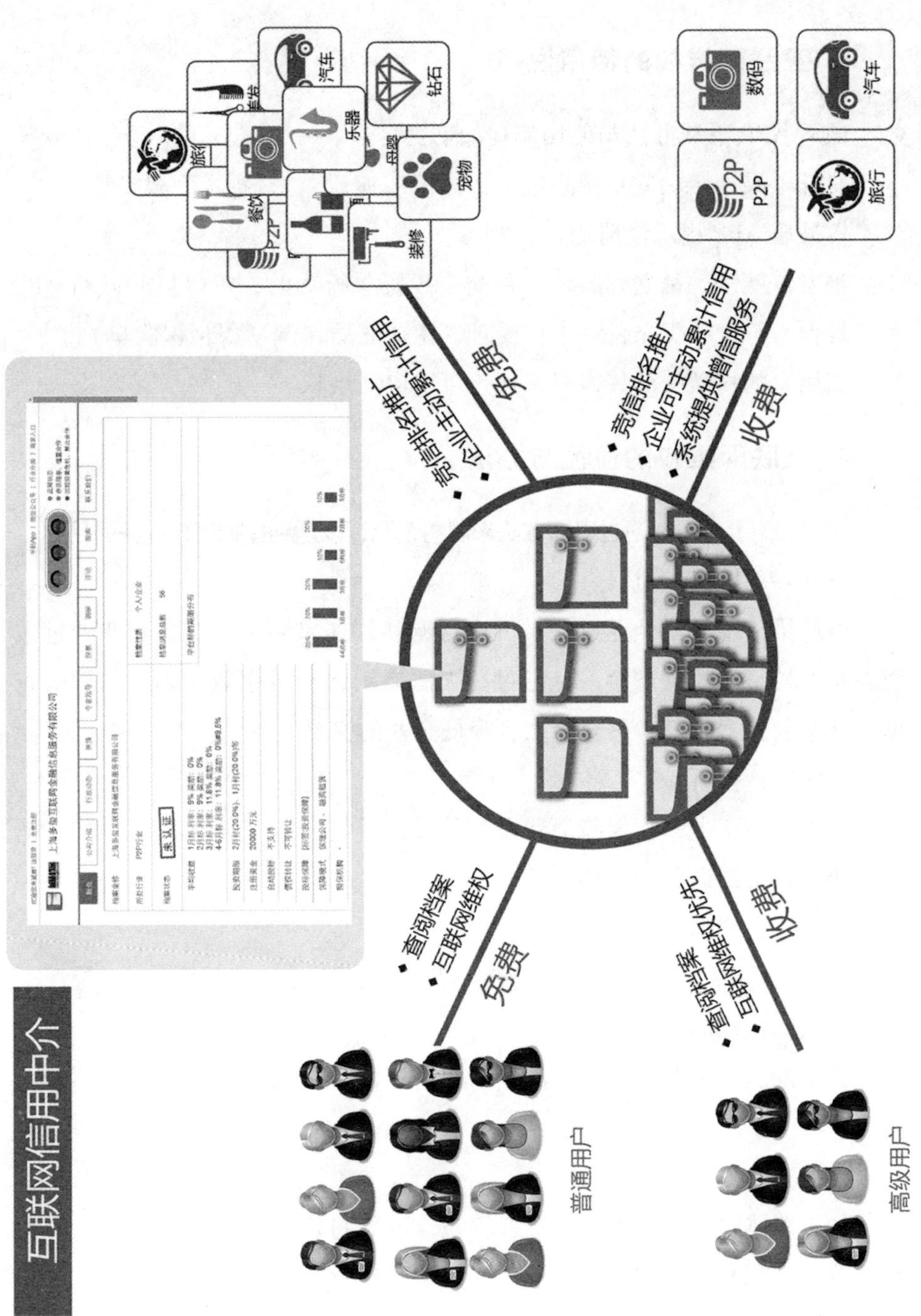
互联网信用中介
查阅档案
互联网维权
免费
查阅档案
互联网维权优先
收费
竞信排名推广
企业主动累计信用
免费
竞信排名推广
企业可主动累计信用
系统提供增信服务
收费
普通用户
高级用户
汽车
钻石
乐器
宠物
装修
数码
汽车
P2P
旅行

3. 互联网维权的使用说明

诚盾 APP 下载办法与使用流程如下：

打开苹果商店、安卓手机助手，搜搜“诚盾”，按提示下载安装。

按诚盾 APP 提示注册用户。

当发生就医、消费、就职、加盟、投资等行为时，可以打开诚盾 APP 免费投保，符合投保条件即予以受理，生成诚盾保函（类似保险单）。

当用户的权益受到侵害时，用户可以申请维权。

4. 互联网维权的途径与办法

在互联网上，可以通过以下方法来制约企业，以达到保护用户权益的目的。

方法一：档案记过。

诚盾维权中心与企业有关人员进行调和，如果调解不成，企业的过失将在企业档案记过处理，一旦记过，无法撤销，记过次数越多，信用值越低，社会公信力越低，甚至会大幅降低企业的交易。

方法二：投诉。

如果档案记过不能保障消费者权益，诚盾将向有关部门投诉（如：消费者协会、工商局、行业协会等）。

方法三：律师函警告

如果相关部门投诉不能保障消费者权益，诚盾将发送律师函，以示警告。

方法四：媒体曝光

如果发送律师函不能保障消费者权益，诚盾将向媒体曝光企业不光彩行为。

方法五：协调先行垫付

如果媒体曝光不能保障消费者权益，诚盾将协调资产公司先行垫付赔偿消费者（限投资模块）。

方法六：法院起诉

如果以上方法都不能保障用户权益，诚盾将代表用户进行法律诉讼。

5. 保障函的样式与说明

（1）手机版保函样式

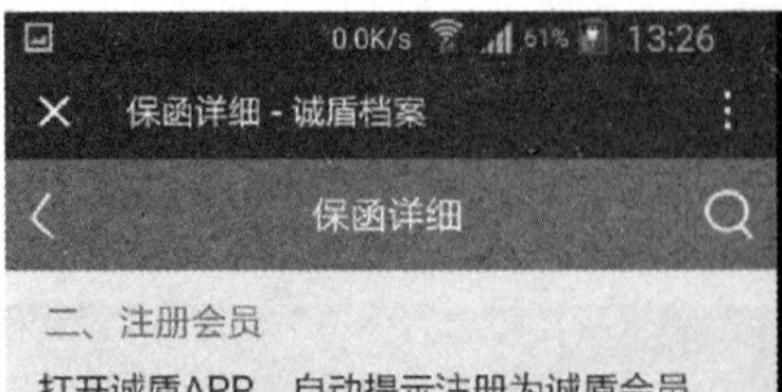

保函详细 - 诚盾档案

保函详细

二、注册会员

打开诚盾APP，自动提示注册为诚盾会员。

三、认领保函

打开诚盾APP，点击“投保”，选择行业类别进行投保。

四、确认维权保函。

当发生保函条款中所涉及到的行为时，可申请维权，点击“维权”，查看保函详情，点击“提交申请”。

重要提示：请在接到保函的15个工作日内按照上述提示认领保函，如未及时认领，当发生保函所涉及的内容时，后果自负，当纸质保函（可能发生人为修改）与电子保函不符时，以电子保函内容为准。当发生保函条款中所涉及的行为时可申请维权。

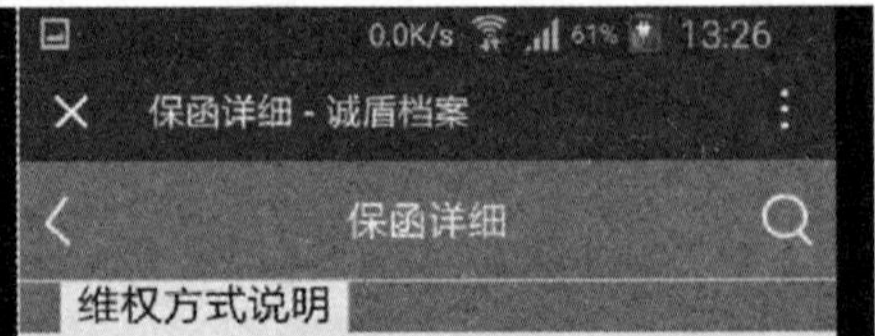

保函详细 - 诚盾档案

保函详细

维权方式说明

通过以下方法来制约企业，以达到用户权益保护的目的。

方法一：档案记过

诚盾维权中心与企业有关人员进行调和，如果调解不成，企业的过失将在企业档案记过处理，一旦记过，无法撤销，记过次数越多，信用值越低，社会公信力越低，甚至会大幅降低企业的交易；

方法二：投诉

如果档案记过不能保障消费者权益，诚盾将向有关部门投诉（如：315、工商、行业协会等）；

方法三：律师函警告

如果相关部门投诉不能保障消费者权益，诚盾将发送律师函，以示警告；

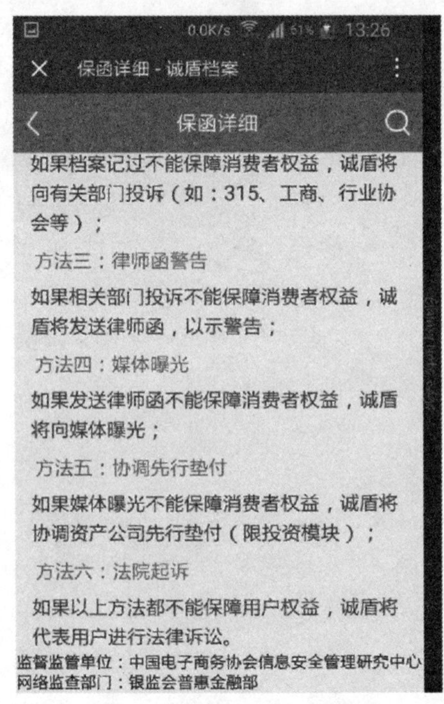

保函详细 - 诚盾档案

保函详细

如果档案记过不能保障消费者权益，诚盾将向有关部门投诉（如：315、工商、行业协会等）；

方法三：律师函警告

如果相关部门投诉不能保障消费者权益，诚盾将发送律师函，以示警告；

方法四：媒体曝光

如果发送律师函不能保障消费者权益，诚盾将向媒体曝光；

方法五：协调先行垫付

如果媒体曝光不能保障消费者权益，诚盾将协调资产公司先行垫付（限投资模块）；

方法六：法院起诉

如果以上方法都不能保障用户权益，诚盾将代表用户进行法律诉讼。

监督监管单位：中国电子商务协会信息安全管理研究中心

网络监查部门：银监会普惠金融部

（2）纸质版保函样式

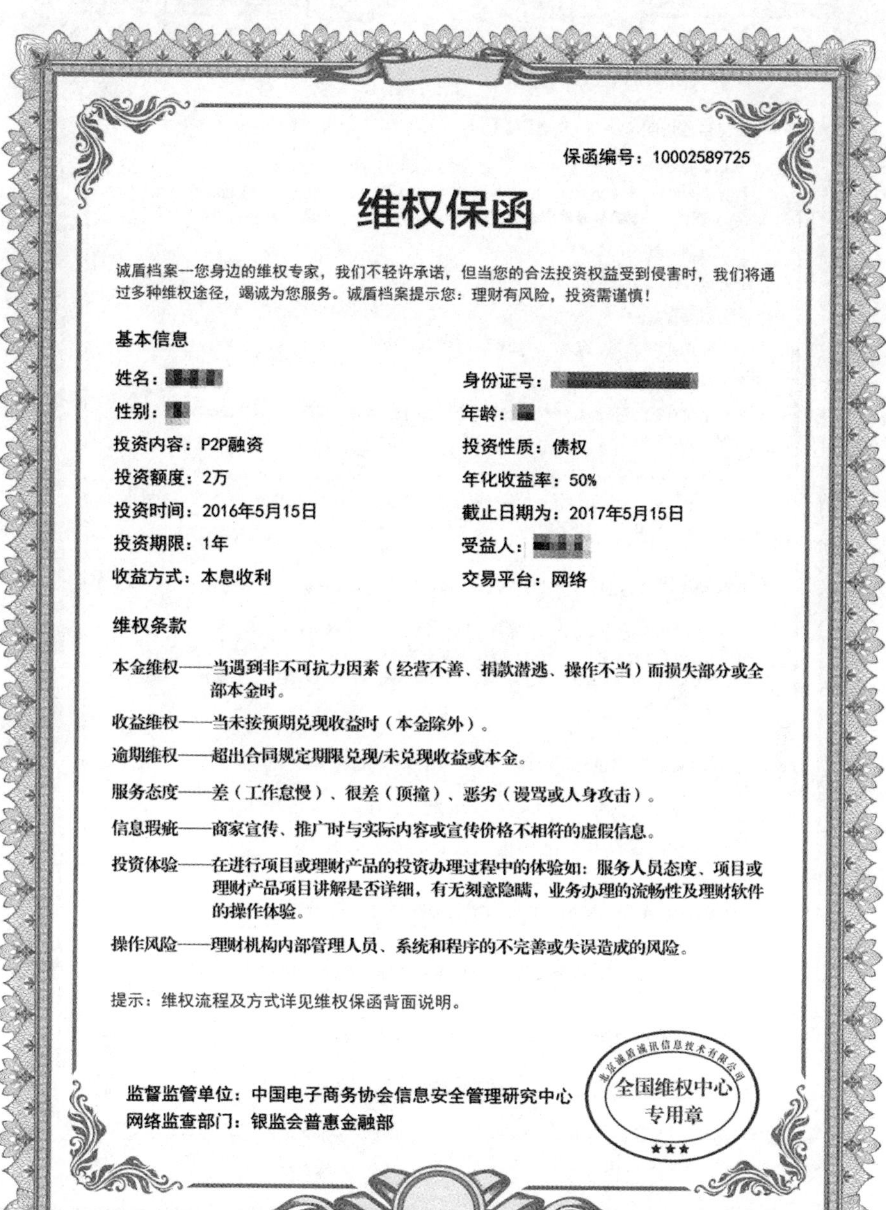

保函编号：10002589725

维权保函

诚盾档案—您身边的维权专家，我们不轻许承诺，但当您的合法投资权益受到侵害时，我们将通过多种维权途径，竭诚为您服务。诚盾档案提示您：理财有风险，投资需谨慎！

基本信息

姓名：[illegible]　身份证号：[illegible]

性别：[illegible]　年龄：[illegible]

投资内容：P2P融资　投资性质：债权

投资额度：2万　年化收益率：50%

投资时间：2016年5月15日　截止日期为：2017年5月15日

投资期限：1年　受益人：[illegible]

收益方式：本息收利　交易平台：网络

维权条款

本金维权——当遇到非不可抗力因素（经营不善、捐款潜逃、操作不当）而损失部分或全部本金时。

收益维权——当未按预期兑现收益时（本金除外）。

逾期维权——超出合同规定期限兑现/未兑现收益或本金。

服务态度——差（工作怠慢）、很差（顶撞）、恶劣（谩骂或人身攻击）。

信息瑕疵——商家宣传、推广时与实际内容或宣传价格不相符的虚假信息。

投资体验——在进行项目或理财产品的投资办理过程中的体验如：服务人员态度、项目或理财产品项目讲解是否详细，有无刻意隐瞒，业务办理的流畅性及理财软件的操作体验。

操作风险——理财机构内部管理人员、系统和程序的不完善或失误造成的风险。

提示：维权流程及方式详见维权保函背面说明。

监督监管单位：中国电子商务协会信息安全管理研究中心
网络监查部门：银监会普惠金融部

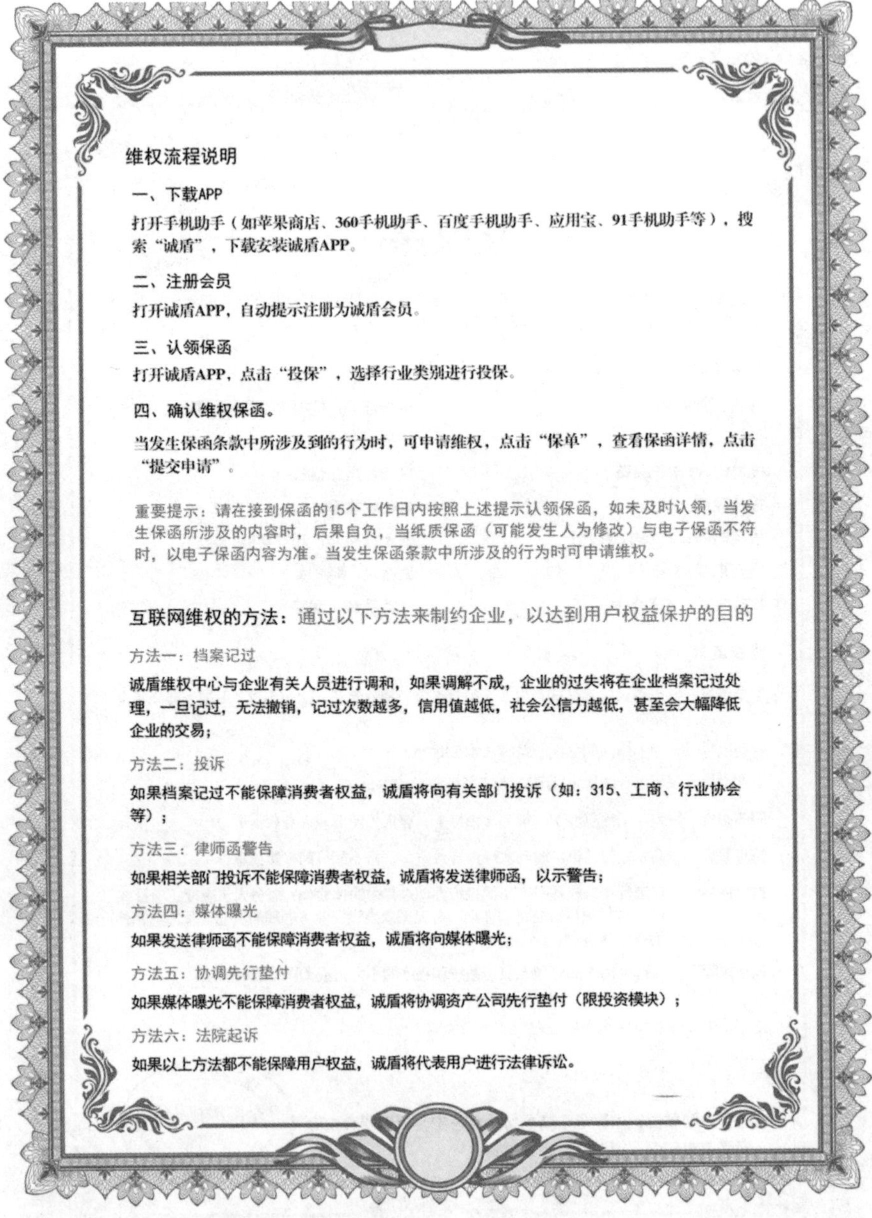

维权流程说明

一、下载APP

打开手机助手（如苹果商店、360手机助手、百度手机助手、应用宝、91手机助手等），搜索“诚盾”，下载安装诚盾APP。

二、注册会员

打开诚盾APP，自动提示注册为诚盾会员。

三、认领保函

打开诚盾APP，点击“投保”，选择行业类别进行投保。

四、确认维权保函。

当发生保函条款中所涉及到的行为时，可申请维权，点击“保单”，查看保函详情，点击“提交申请”。

重要提示：请在接到保函的15个工作日内按照上述提示认领保函，如未及时认领，当发生保函所涉及的内容时，后果自负，当纸质保函（可能发生人为修改）与电子保函不符时，以电子保函内容为准。当发生保函条款中所涉及的行为时可申请维权。

互联网维权的方法：通过以下方法来制约企业，以达到用户权益保护的目的

方法一：档案记过

诚盾维权中心与企业有关人员进行调和，如果调解不成，企业的过失将在企业档案记过处理，一旦记过，无法撤销，记过次数越多，信用值越低，社会公信力越低，甚至会大幅降低企业的交易；

方法二：投诉

如果档案记过不能保障消费者权益，诚盾将向有关部门投诉（如：315、工商、行业协会等）；

方法三：律师函警告

如果相关部门投诉不能保障消费者权益，诚盾将发送律师函，以示警告；

方法四：媒体曝光

如果发送律师函不能保障消费者权益，诚盾将向媒体曝光；

方法五：协调先行垫付

如果媒体曝光不能保障消费者权益，诚盾将协调资产公司先行垫付（限投资模块）；

方法六：法院起诉

如果以上方法都不能保障用户权益，诚盾将代表用户进行法律诉讼。

说明：用户投保，经系统审核通过后，系统通过短信及APP的形式发送电子保函，用户可以打开电子保函阅读本次投保的保障权益，如用户需要纸质保函，可以在电子保函下方填写邮寄地址，诚盾档案将通过快递的形式邮寄纸质保函给投保用户。